はじめて
日本語を学ぶ人のための

新装版

入門日本語

FIRST LESSONS IN JAPANESE

アルク
www.alc.co.jp

C O N T E N T S

INTRODUCTION

◀ THE AIM OF THIS BOOK ▶

This book is designed to introduce you to the most basic structures of modern Japanese, and to enable you to begin communicating in Japanese. Needless to say, it takes a considerable length of time for a foreigner to become able to speak Japanese freely, and these 12 lessons are too short to accomplish this purpose. However, they will enable you to see a new world and will give you the pleasure of getting a glimpse of how the Japanese communicate with each other.

◀ HOW TO USE THIS BOOK ▶

Each lesson consists of the following sections:

1. Dialogue

The dialogue uses the most common discourses used in everyday life, though it consists of simple structure and limited scope of vocabulary. Listen to the CD, and try to understand it and review it after going through the drills. A translation is given to help you, although you can easily understand each sentence by referring to the vocabulary list.

2. Accent, Prominence, and Intonation

Marks are used to show the accent of each phrase: pitch goes up with ⌐ and goes down with ¬. The bold letters show which of the phrases in a sentence should be pronounced higher than the rest. Sentences consisting of a single phrase do not have bold letters. The mark ♪ at the end of a sentence indicates that it should be said with rising intonation. Sentences with no rising marks should be said with falling intonation. These marks are provided to make your Japanese sound natural. Do not worry too much about the marks. By listening to the CD while looking at the marks, you will soon understand how these marks work.

3. Drills and Short Dialogues

This section includes several types of drills, including repetition, substitution, transformation drills and short exchanges. Follow the instructions. Use the CD at home to familiarize yourself with the drills and try using them with your teacher in the classroom.

4. Explanation and Notes

Explanation and Notes are given to provide you with the minimum essentials of Japanese grammar. Do not fail to read them whenever you proceed to a new lesson. These are designed so that you can have a good understanding of what you are learning and thus can concentrate on communicating with your teacher IN JAPANESE in the classroom without wasting time discussing grammar in English.

5. Applied Conversation

By carrying out applied conversations you can use what you have learned in the lesson in a more life-like atmosphere. Relax and enjoy it.

6. Pronunciation Practice

The small group of words, phrases and sentences are designed to form good pronunciation. Spend the first few minutes of each class hour on this practice.

We want you to make the most of all the sections in each lesson. When you study with a teacher, he or she will decide how to use them. However, if you study by yourself we recommend that you study the Dialogue while listening to the CD and looking at the "Accent, Prominence, and Intonation" chart, go through the drills in order, try the Applied Conversation, review the Dialogue, and finally memorize the Key Sentences given above the Dialogue. Each time begin your study with the Pronunciation Practice.

◖ Japanese Syllabary ◗

あ(ア) a	い(イ) i	う(ウ) u	え(エ) e	お(オ) o
か(カ) ka	き(キ) ki	く(ク) ku	け(ケ) ke	こ(コ) ko
さ(サ) sa	し(シ) shi	す(ス) su	せ(セ) se	そ(ソ) so
た(タ) ta	ち(チ) chi	つ(ツ) tsu	て(テ) te	と(ト) to
な(ナ) na	に(ニ) ni	ぬ(ヌ) nu	ね(ネ) ne	の(ノ) no
は(ハ) ha	ひ(ヒ) hi	ふ(フ) fu	へ(ヘ) he	ほ(ホ) ho
ま(マ) ma	み(ミ) mi	む(ム) mu	め(メ) me	も(モ) mo
や(ヤ) ya		ゆ(ユ) yu		よ(ヨ) yo
ら(ラ) ra	り(リ) ri	る(ル) ru	れ(レ) re	ろ(ロ) ro
わ(ワ) wa				を(ヲ) o

が(ガ) ga	ぎ(ギ) gi	ぐ(グ) gu	げ(ゲ) ge	ご(ゴ) go
ざ(ザ) za	じ(ジ) ji	ず(ズ) zu	ぜ(ゼ) ze	ぞ(ゾ) zo
だ(ダ) da	ぢ(ヂ) ji	づ(ヅ) zu	で(デ) de	ど(ド) do
ば(バ) ba	び(ビ) bi	ぶ(ブ) bu	べ(ベ) be	ぼ(ボ) bo
ぱ(パ) pa	ぴ(ピ) pi	ぷ(プ) pu	ぺ(ペ) pe	ぽ(ポ) po

きゃ(キャ) kya	きゅ(キュ) kyu	きょ(キョ) kyo
しゃ(シャ) sha	しゅ(シュ) shu	しょ(ショ) sho
ちゃ(チャ) cha	ちゅ(チュ) chu	ちょ(チョ) cho
にゃ(ニャ) nya	にゅ(ニュ) nyu	にょ(ニョ) nyo
ひゃ(ヒャ) hya	ひゅ(ヒュ) hyu	ひょ(ヒョ) hyo
みゃ(ミャ) mya	みゅ(ミュ) myu	みょ(ミョ) myo
りゃ(リャ) rya	りゅ(リュ) ryu	りょ(リョ) ryo
ぎゃ(ギャ) gya	ぎゅ(ギュ) gyu	ぎょ(ギョ) gyo
じゃ(ジャ) ja	じゅ(ジュ) ju	じょ(ジョ) jo
びゃ(ビャ) bya	びゅ(ビュ) byu	びょ(ビョ) byo
ぴゃ(ピャ) pya	ぴゅ(ピュ) pyu	ぴょ(ピョ) pyo

っ(ッ)
p, t. s. k

ん(ン)
n

●Notes:

Each Japanese sound unit has a whole beat as in に ほ ん ご(the Japanese Language). Each hir-
ni-ho-n-go
agana except small や、ゆ、よ has a beat of approximately the same length.

◖ PRONUNCIATION ◗

1. Vowels

Japanese has five vowels, あ(a), い(i), う(u), え(e), and お(o).
They are similar to

the (a) in "calm," but the mouth is not opened as wide,

the (i) in "reed," but short and slightly strained,

the (u) in "book," but the lips are straight rather than rounded,

the (e) in "effort," but the mouth is not opened as wide, and

the first part of (o) in "go."

2. Consonant plus vowel sounds

Special attention should be given to the following sounds.

(1)　し(shi) in the さ(sa) row, ち(chi) and つ(tsu) in the た(ta) row, and ふ(fu) in the は (ha) row have different consonant sounds than the other letters in the same row.

(2)　The Japanese "r" is made by flicking the tip of the tongue against the gum behind the upper teeth.

(3)　The first sound in が(ga), ぎ(gi), ぐ(gu), げ(ge), ご(go) is similar to the "g" in "gold" when it occurs at the beginning of a word. But when used within a word or as a particle, it often becomes nasal, as the "ng" sound of "long."

3. Syllabic consonants

(1)　ん(n) is the only independent consonant without a vowel. According to its location, (n) will have several sounds.

①　before m, p, or b——"m" as in "man"

②　before n, t, ts, ch, d, r, or z——"n" as in "nice"

③　before k, g, or ng ——"ng" as in "long"

④　at the end of a word —— similar to ③, but further back

⑤　before vowels or sounds other than those mentioned above

——pronounced by expelling air through the nose without the tongue touching either the roof of the mouth or the gums.

(2)　Small っ(p, t, s, k) between two syllables in Japanese is written with double consonants in romanization. ⟨Example きって(kitte——a postal stamp)⟩ This small っ is given a length of a full syllable.

INTRODUCTION

4. Whispered Sound

In Japanese when "i" and "o" occur between the voiceless consonants "k," "t," "p," "s (or sh)," and "h (or f)," they often sound as if they are being whispered. ⟨Examples ひと(hito——person) くすり(kusuri——medicine)⟩

5. Accent

The accent in Japanese is a pitch accent. rising pitch: ⌐
falling pitch: ¬
Japanese accent (standard Tokyo accent) has two major principles;
1) the first two syllables of a word should be differnt in pitch.
2) a low pitch syllable never occurs between two high pitched syllables.

gakkoo (school)　　low-high-high-high
doyoobi (Saturday)　　low-high-low-low
sensee (teacher)　　low-high-high-low
ongaku (music)　　high-low-low-low

10

◖JAPANESE WRITING SYSTEM◗

Japanese is usually written as shown in the following example.

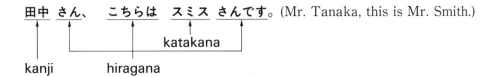

田中 さん、　こちらは　スミス さんです。(Mr. Tanaka, this is Mr. Smith.)

kanji　　hiragana　　katakana

Japanese is usually written in a combination of kanji (Chinese characters,) hiragana (a phonetic syllabary), and katakana (another syllabary used primarily for foreign words).

Hiragana is used for Japanese-oriented words, kanji is used for Chinese-oriented words, and katakana is used for other foreign-oriented words. In this book, the small hiragana (furigana) is written beneath the characters to show the reading of katakana and kanji.

In general, each hiragana corresponds with one sound. But は、へ、を have another reading. When は and へ are used to show particles, は is pronounced as "wa" and へ is pronounced as "e", を is used only to show the particle and pronounced as "o."

にほんは (as for Japan)
Nihon <u>wa</u>

にほんへ (to Japan)
Nihon <u>e</u>

にほんを (Japan as the object of a verb)
Nihon <u>o</u>

Using the Japanese writing system from the beginning of your studies is the ideal way to learn Japanese. But until you have completely mastered the hiragana, romanization will be a helpful aid. Therefore, we have used romanization (a slightly modified version of the Hepburn system) in addition to kanji, hiragana, and katakana.

For two successive same vowels, the transcription method in hiragana sometimes is different from that of romanization.

Ex. "tokee" (watch)→ とけい、"ryokoo" (trip)→ りょこう

第1課
だい いっ か

LESSON 1

はじめまして
Meeting People

●Key Sentences●

1. スミスです。
   すみ す
2. 山田さんは　先生ですか。
   やまだ　　　せんせい
3. スミスさんの　お仕事は。
   すみ す　　　　　しごと

Dialogue

(At Kimura's home. She introduces Smith to Yamada.)

木　村：山田さん、こちらは　スミスさんです。
き むら　やま だ　　　　　　すみ す

スミス：はじめまして。スミスです。どうぞ　よろしく。
すみ す　　　　　　　すみ す

山　田：山田です。どうぞ　よろしく。
やま だ　やま だ

スミス：山田さんは　先生ですか。
すみ す　やま だ　　　せんせい

山　田：いいえ、学生です。スミスさんの　お仕事は。
やま だ　　　　がくせい　　　すみ す　　　　しごと

スミス：英語の　教師です。
すみ す　えいご　きょうし

山　田：そうですか。お国は。
やま だ　　　　　　おくに

スミス：アメリカです。
すみ す　あめ り か

山　田：アメリカの　どちらですか。
やま だ　あめ り か

スミス：ニューヨークです。
すみ す　にゅーよーく

12

Accent, Prominence, and Intonation

Hajimemashite.

Kimura: Yamada-san, kochira-wa **Sumisu**-san-desu.

Sumisu: Hajimemashite. Sumisu-desu. **Doozo** yoroshiku.

Yamada: Yamada-desu. **Doozo** yoroshiku.

Sumisu: Yamada-san-wa **sensee**-desu-ka. ↗

Yamada: Iie, gakusee-desu. **Sumisu-san-no** o-shigoto-wa. ↗

Sumisu: **Eego-no** kyooshi-desu.

Yamada: Soo-desu-ka. O-kuni-wa. ↗

Sumisu: Amerika-desu.

Yamada: Amerika-no **dochira**-desu-ka. ↗

Sumisu: Nyuuyooku-desu.

Translation

How do you do?

Kimura: Mr. Yamada, this is Mr. Smith.

Smith: How do you do? My name is Smith. Glad to meet you.

Yamada: I'm Yamada. Glad to meet you.

Smith: Are you a teacher, Mr. Yamada?

Yamada: No, I'm a student. What sort of work do you do, Mr. Smith?

Smith: I'm an English teacher.

Yamada: I see. What country are you from?

Smith: The United States.

Yamada: Where in the States?

Smith: New York.

Explanation

In this lesson you will learn how to introduce yourself and other people.

山田さん、こちらは　スミスさんです。
やま だ　　　　　　　　　　　　　　す み す

Yamada-san, kochira-wa Sumisu-san-desu.

This is the most common pattern used for introducing people. '*-San*' is an honorific suffix used after a personal name. It has the same meaning that Mr., Mrs., Miss, and Ms. do in English. '*Kochira*' literally means 'this direction.' However, it is used here as the polite synonym for 'this person.' '*-Wa*' follows the topic that the speaker wants to talk about.

はじめまして。

Hajimemashite.

This expression literally means 'I am meeting you for the first time.' It corresponds to 'How do you do?' or 'Glad to meet you' in English.

山田です。
やま だ

Yamada-desu.

'*-Desu*' roughly corresponds to the English verb 'to be.' It can mean 'I am,' 'we are,' 'they are,' 'it is,' etc., depending on the context.

どうぞ　よろしく。

Doozo yoroshiku.

This literally means 'Please be good to me.' It is a commonly used expression which corresponds to 'I'm glad to meet you,' or 'How do you do?'

('*Hajimemashite*' sounds a little more formal. Sometimes the two expressions are used together as '*Hajimemashite. Doozo yoroshiku.*')

山田さんは　先生ですか。
やま だ　　　　せんせい

Yamada-san-wa sensee-desu-ka.

'*-Ka*' is added at the end of a sentence in order to change it into a question.

スミスさんの　お仕事は。
す み す　　　　　　し ごと

Sumisu-san-no o-shigoto-wa.

'*O-*' in '*o-shigoto*' is used to show respect; it is called the honorific prefix. This sentence is a question, so the last '*-wa*' is pronounced higher than '*o-shigoto.*'

そうですか。

Soo-desu-ka.

This expression is usually said with a falling intonation, and means 'I see.' When it is said with a rising intonation, it means 'Oh, really?' or 'Is that so?' and is a question expecting an answer.

CD1
3

Drills and Short Dialogues

● **Drill 1**   Practice saying the following.

  A ex. やまだです
     1. きむら   2. スミス   3. ジョンソン   4. チン
     すみす   じょんそん   ちん

  B ex. がくせいです
     1. きょうし   2. いしゃ   3. かんごふ

  C ex. アメリカです。
     あめりか
     1. にほん   2. オーストラリア   3. カナダ
              おーすとらりあ   かなだ

● **Drill 2**   Practice saying the following.

  ex. こちらは　やまださんです。

| **1.** | **2.** | **3.** |

ジョンソン　　　　チン　　　　スミス
じょんそん　　　　ちん　　　　すみす

Jonson: Johnson(a surname)

Chin: Chen (a surname)

isha: doctor

kangofu:nurse

The Japanese word for "nurse" used to be "kangofu", but we now say "kangoshi".

Nihon: Japan

Oosutoraria: Australia

Kanada: Canada

● Short Dialogue 1

  Ａ：はじめまして。＿Ａ＿です。
  Ｂ：はじめまして。＿Ｂ＿です。
  Ａ：どうぞ　よろしく。
  Ｂ：こちらこそ、どうぞ　よろしく。

● Short Dialogue 2

  Ａ：＿Ｂ＿さんは　せんせいですか。
  Ｂ：はい、そうです。
     1. おいしゃさん   2. かんごふさん
     3. がくせい（さん）

Kochira-koso:

  (lit., means 'I should be the one to say so.')

●Short Dialogue 3

A： B さんは　せんせいですか。

B：いいえ、がくせいです。

　　1．がくせい（さん）、きょうし

　　2．かんごふさん、いしゃ

　　3．おいしゃさん、がくせい　　4．せんせい、かんごふ

　　5．えいごの　せんせい、にほんごの　きょうし

nihongo: Japanese

●Short Dialogue 4

A： B さんの　おしごとは。

B：きょうしです。

A：そうですか。

　　1．いしゃ　　2．がくせい　　3．かんごふ

　　4．えいごの　きょうし

●Short Dialogue 5

（**ex.**スミス、アメリカ、ニューヨーク）

A　　　：スミスさんの　おくには。

スミス：アメリカです。

A　　　：アメリカの　どちらですか。

スミス：ニューヨークです。

Montoriooru: Montreal

Tookyoo: Tokyo

Buraun: Brown

Meruborun: Melbourne

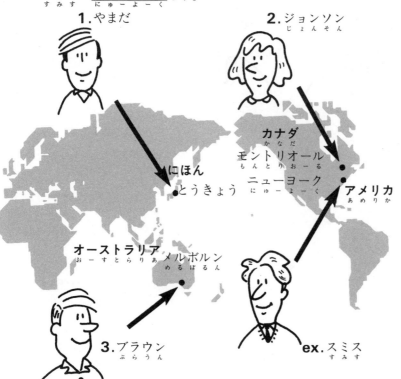

1.やまだ

2.ジョンソン

カナダ

モントリオール

にほん

とうきょう　ニューヨーク

アメリカ

オーストラリア　メルボルン

3.ブラウン

ex.スミス

Applied Conversation

Mr. Smith attends an international meeting. At a reception desk, he is asked his country and his name.

Receptionist ： おくには　どちらですか。

スミス ： アメリカです。
すみす
(Receptionist looks at the American section of an attendance list.)

Receptionist ： おなまえは。

スミス ： スミスです。
すみす 　　すみす

Receptionist ： (Receptionist checks his name on the list.)

ジョン・スミスさんですか。　　　　　ジョン・スミス：*Jon Sumisu*: John Smith
じょん　すみす

スミス ： はい、そうです。
すみす

Receptionist ： どうぞ。　　　　　　　　　　どうぞ：*Doozo*: Here you are.

(Receptionist gives Mr. Smith a pamphlet for the meeting.)

It is your turn to answer the receptionist's

Receptionist ： おくには　どちらですか

Yourself ： ＿＿＿＿＿＿＿＿。

Receptionist ： おなまえは。

Yourself ： ＿＿＿＿＿＿＿

Receptionist ： 〈your full nar

Yourself ： はい、そう

Receptionist ： どうぞ。

17

Vocabulary

● **Dialogue**

木村(きむら)	Kimura	(a surname) Kimura
山田(やまだ)	Yamada	(a surname) Yamada
こちら	kochira	this person
～は	～wa	as for～
スミス(すみす)	Sumisu	(a surname) Smith
～さん	～san	Mr./Ms.～
です	desu	is, are
はじめまして	Hajimemashite	How do you do?
どうぞ よろしく	Doozo yoroshiku	Glad to meet you.
先生(せんせい)	sensee	teacher
～か	～ka	(question marker)
～の	～no	of～
お仕事(しごと)	o-shigoto	job, work(polite, see Notes)
いいえ	iie	no
学生(がくせい)	gakusee	student
英語(えいご)	eego	English
教師(きょうし)	kyooshi	teacher
そうですか	Soo-desu-ka	I see.
お国(くに)	o-kuni	country(polite, see Notes)
アメリカ(あめりか)	Amerika	America
どちら	dochira	which place
ニューヨーク(にゅーよーく)	Nyuuyooku	New York

● **Drill 1**

ジョンソン(じょんそん)	Jonson	(a surname) Johnson
チン(ちん)	Chin	(a surname) Chen
いしゃ	isha	doctor
かんごふ	kangofu	nurse

● **Drill 2**

こちらこそ	kochira-koso	I should be the one to say so.
はい	hai	yes
そうです	soo-desu	it is

● **Drill 3**

にほんご	nihongo	Japanese
カナダ(かなだ)	Kanada	Canada
モントリオール(もんとりおーる)	Montoriooru	Montreal
オーストラリア(おーすとらりあ)	Oosutoraria	Australia
メルボルン(めるぼるん)	Meruborun	Melbourne
にほん	Nihon	Japan
とうきょう	Tookyoo	Tokyo
ブラウン(ぶらうん)	Buraun	(a surname) Brown

● **Applied Conversation**

なまえ	namae	name

Notes

1. Referring to other people and their occupations

In Japanese different words are used when referring to oneself and referring to others. The following list shows some of these expressions.

English	Japanese			
	Self		Others	
Yamada Smith	やまだ スミス	Yamada Sumisu	やまださん スミスさん	Yamada-san Sumisu-san
name job country	なまえ しごと くに	namae shigoto kuni	おなまえ おしごと おくに	o-namae o-shigoto o-kuni
doctor nurse teacher student	いしゃ かんごし きょうし がくせい	isha kangoshi kyooshi gakusee	おいしゃさん かんごしさん せんせい がくせい(さん)	o-isha-san kangoshi-san sensee gakusee(-san)

2. Bowing

Bowing is one of the most common non-verbal actions for greeting someone in Japan. When you meet someone for the first time and say 'Hajimemashite' or 'Doozo yoroshiku,' bow to the person. This action has the same effect as shaking hands.

Bow slowly and smoothly. If you want to do it politely, bow deeply.

Pronunciation Practice

Practice saying the following words. Pay attention to the accent.

　　１．やまだ　　２．きむら　　３．しごと　　４．おくに　　５．なまえ　　６．こちら

19

第2課
だい に か

LESSON 2

6時です
ろく じ
Asking the Time

● Key Sentences ●

1. いま　何時ですか。
　　　なんじ

2. 6時までです。
　　ろくじ

3. レストランは　10時からです。
　　れ す と ら ん　　　じゅうじ

Dialogue

(At a bus stop. Mr. Smith is going to go shopping at a department store.)

スミス：すみません、いま　何時ですか。
すみす　　　　　　　　　　なんじ

女の人：6時です。
おんな ひと　ろくじ

スミス：ありがとうございます。
すみす

女の人：どういたしまして。
おんな ひと

(At the entrance of a department store. The department store has a restaurant in it. It will close soon.)

スミス：すみません、何時までですか。
すみす　　　　　　　なんじ

店　員：7時までです。
てん いん　しちじ

スミス：そうですか。じゃ、あさは　何時からですか。
すみす　　　　　　　　　　　　　　なんじ

店　員：午前　10時からです。レストランは　11時半からです。
てん いん　ごぜん　じゅうじ　　　れ す と ら ん　　　じゅういちじ はん

スミス：ありがとう。
すみす

20

Accent, Prominence, and Intonation

Rokuji-desu.

Sumisu: Sumimasen, ima **nanji-desu-ka**. ↗

Onna-no-hito: Rokuji-desu.

Sumisu: Arigatoo-gozaimasu.

Onna-no-hito: Doo-itashimashite.

Sumisu: Sumimasen, nanji-made-desu-ka. ↗

Ten'in: Shichiji-made-desu.

Sumisu: Soo-desu-ka. Ja, **asa-wa** nanji-kara-desu-ka. ↗

Ten'in: Gozen juuji-kara-desu. **Resutoran-wa** juuichiji-han-kara-desu.

Sumisu: Arigatoo.

Translation

It's six o'clock.

Smith: Excuse me, what time is it now?

Woman: Six o'clock.

Smith: Thank you.

Woman: You're welcome.

Smith: Excuse me, how late does the department store stay open?

Clerk: It stays open until 7:00.

Smith: I see. What time does it open in the morning?

Clerk: It opens at 10:00 a.m. The restaurant opens at 11:30.

Smith: Thank you.

Explanation

In this lesson you will learn how to ask and tell the time. You will also learn how to say what time a store opens or closes.

すみません。

Sumimasen.

'Sumimasen' is used to express either an apology or gratitude. Here it is used to apologize for troubling someone.

いま　何時ですか。
なん　じ

Ima nanji-desu-ka.

This expression is used for asking the time. *Ima* can be left out. The '*nan*' of '*nanji*' means 'what' and '*ji*' means 'o'clock.'

6時です。
ろく　じ

Rokuji-desu.

'Roku' is six (see Notes).

ありがとうございます。

Arigatoo-gozaimasu.

This is the most common expression of thanks. In familiar speech, '*gozaimasu*' can be left out.

どういたしまして。

Doo-itashimashite.

This expression is used to respond to '*Arigatoo-gozaimasu*.' This means 'Not at all' or 'You are welcome.'

あさは　何時からですか。
なん　じ

Asa-wa nanji-kara-desu-ka.

'-*Wa*' follows the topic that the speaker wants to talk about (see LESSON 1). In this dialogue, Mr. Smith starts his sentence with '*asa-wa*' because he wants to ask about something that happens 'in the morning.'

Drills and Short Dialogues

●**Drill 1**　Practice saying the following.

1-いち	2-に	3-さん	4-し
5-ご	6-ろく	7-しち	8-はち
9-く	10-じゅう	11-じゅういち	12-じゅうに

●**Drill 2**　Practice saying the following.

いちじです　　にじです　　　　さんじです
よじです　　　ごじです　　　　ろくじです
しちじです　　はちじです　　　くじです
じゅうじです　じゅういちじです　じゅうにじです

●**Drill 3**　Practice saying the following.

A　ex. とうきょうは　いま　4じです。

1．8じ　　2．11じ　　3．10じはん　　4．ごご　9じ

5．ごぜん　2じ

gogo: p.m.

B　ex. メルボルンは　いま　4じです。
　　　めるぼるん

1．モスクワ　　2．ホンコン　　3．パリ　　4．カイロ
　　もすくわ　　　　ほんこん　　　　ぱり　　　　かいろ

Mosukuwa: Moscow

Honkon: Hongkong

Pari: Paris

Kairo: Cairo

●**Drill 4**　Practice saying the following.

A　ex. ぎんこうは　9じからです。

1．デパート、10じ　　　　2．レストラン、11じ
　　でぱーと　　　　　　　　れすとらん
3．びょういん、10じはん　　4．ゆうびんきょく、9じ

B　ex. デパートは　7じまでです。
　　　でぱーと

1．ゆうびんきょく、5じ　　2．びょういん、6じ

3．レストラン、10じはん　　4．ぎんこう、3じ
　　れすとらん

ginkoo: bank

depaato: department store

byooin: hospital

yuubinkyoku: post office

9:00～3:00

11:00～10:30

10:00～7:00

9:00～5:00

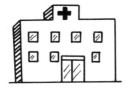

10:30～6:00

●Short Dialogue 1

A　A：いま　なんじですか。
　　B：<u>6じです。</u>
　　　　1．10：00　　2．3：00　　3．5：00　　4．4：00　　5．7：00

B　A：いま　なんじですか。
　　B：<u>ごご　9じです。</u>
　　　　1．11：00 p.m.　　2．2：00 a.m.　　3．1：00 p.m.　　4．8：00 a.m.

C　A：いま　なんじですか。
　　B：<u>3じはんです。</u>
　　　　1．5：30　　2．7：30　　3．11：30　　4．9：30　　5．12：30

●Short Dialogue 2

　　A：すみません。いま　なんじ
　　　　ですか。
　　B：<u>6じです。</u>
　　A：ありがとうございます。
　　B：どういたしまして。
　　　　1．9：00　　2．10：30
　　　　3．7：00　　4．4：00

●Short Dialogue 3

A　A：すみません、なんじまでですか。
　　B：<u>9じまでです。</u>
　　A：ありがとう。
　　　　1．12じ　　2．ごぜん　11じ　　3．ごご　8じ

B　A：あさは、なんじからですか。
　　B：<u>8じからです。</u>
　　A：ありがとう。
　　　　1．10じ　　2．ごぜん　9じ　　3．ごぜん　6じ

C　A：すみません、なんじまでですか。
　　B：<u>7じまでです。</u>
　　A：そうですか。じゃ、あさは　なんじからですか。
　　B：<u>ごぜん　10じからです。</u>
　　A：ありがとう。
　　　　1．9じ、ごぜん　8じ　　2．ごご　3じ、ごぜん　9じ

24

Applied Conversation

Ask your friends "Where are you from?", "What time is it there now?", and mark the spots on the map.

A：スミスさん、おくには。
　　すみす

B：アメリカです。
　　あめりか

A：アメリカの　どちらですか。
　　あめりか

B：ニューヨークです。
　　にゅーよーく

A：ニューヨークは　いま　なんじですか。
　　にゅーよーく

B：ごご　7じ　です。
　　　　しち

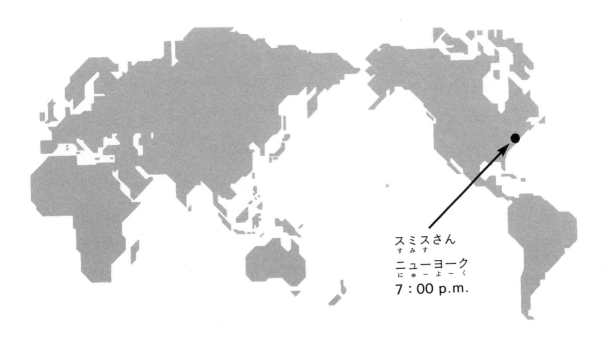

スミスさん
すみす
ニューヨーク
にゅーよーく
7：00 p.m.

Vocabulary

●**Dialogue**

すみません	Sumimasen	'I'm sorry.' or 'Excuse me.'
いま	ima	now
何時（なんじ）	nanji	what time
女（おんな）の人（ひと）	onna-no-hito	woman
６時（ろくじ）	rokuji	six o'clock
ありがとうございます	Arigatoo-gozaimasu	Thank you very much. (polite)
どういたしまして	Doo-itashimashite	You're welcome.
〜まで	〜made	until〜
店員（てんいん）	ten'in	clerk
じゃ	ja	then
あさ	asa	morning
〜から	〜kara	from〜
午前（ごぜん）	gozen	a.m.
レストラン（れすとらん）	resutoran	restaurant
〜半（はん）	〜han	half past〜
ありがとう	Arigatoo	Thanks.

●**Drill 3**

ごご	gogo	p.m.
モスクワ（もすくわ）	Mosukuwa	Moscow
ホンコン（ほんこん）	Honkon	Hongkong
パリ（ぱり）	Pari	Paris
カイロ（かいろ）	Kairo	Cairo

●**Drill 4**

ぎんこう	Ginkoo	bank
デパート（でぱーと）	depaato	department store
びょういん	byooin	hospital
ゆうびんきょく	yuubinkyoku	post office

Notes

Counting system, part 1

(1) Numbers up to 100

  ① From 1 to 20

  1 -ichi   2 -ni   3 -san   4 -shi   5 -go   6 -roku   7 -shichi   8 -hachi   9 -ku
                        (or yon)   (or nana)   (or kyuu)

  10-juu   11-juuichi   12-juuni   13-juusan   14-juushi   15-juugo   16-juuroku
                                              (or juuyon)

  17-juushichi   18-juuhachi   19-juuku   20-nijuu
  (or juunana)   (or juukyuu)

  ② The multiples of ten

  10-juu   20-nijuu   30-sanjuu   40-yonjuu   50-gojuu   60-rokujuu   70-shichijuu
                              (or shijuu)   (or nanajuu)

  80-hachijuu   90-kyuujuu   100-hyaku

(2) Hours

  1 -ichiji   2 -niji   3 -sanji   4 -yoji*1   5 -goji   6 -rokuji   7 -shichiji*2   8 -hachiji

  9 -kuji*3   10-juuji   11-juuichiji   12-juuniji

  *1   not shiji or yonji

  *2   not usually nanaji

  *3   not kyuuji

Pronunciation Practice

Practice saying the following words. Pay attention to the accent.

1. よろしく   2. アメリカ   3. がくせい

4. とうきょう   5. ぎんこう   6. びょういん

第3課
だい　さん　か

LESSON 3

50,000円です
ご　ま　ん　えん

Asking Prices

● Key Sentences ●

1. それは　いくらですか。
2. どれですか。
3. その　大きい　カメラです。
　　　　　おお　　　　かめら

Dialogue

(In a camera shop.)

店員：いらっしゃいませ。
てん　いん

スミス：オートフォーカスの　カメラは　ありますか。
すみす　　おーとふぉーかす　　　かめら

店員：はい、あちらです。
てん　いん

(The clerk takes Smith there.)

スミス：それは　いくらですか。
すみす

店員：どれですか。
てん　いん

スミス：その　大きい　カメラです。
すみす　　　おお　　　かめら

店員：ああ、これは　80,000円です。
てん　いん　　　　　　　はちまんえん

スミス：もっと　やすい　カメラは　ありますか。
すみす　　　　　　　　かめら

店員：はい、これは　50,000円です。
てん　いん　　　　　　ごまんえん

スミス：じゃ、それを　ください。
すみす

店員：はい、ありがとうございます。
てん　いん

28

Accent, Prominence, and Intonation

Goman-en-desu.

Ten'in: Irasshaimase.

Sumisu: Ooto-fookasu-no kamera-wa arima-su-ka. ↗

Ten'in: Hai, achira-desu.

Sumisu: Sore-wa ikura-desu-ka. ↗

Ten'in: Dore-desu-ka. ↗

Sumisu: Sono ookii kamera-desu.

Ten'in: Aa, kore-wa hachiman-en-desu.

Sumisu: Motto yasui karema-wa arimasu-ka. ↗

Ten'in: Hai, kore-wa goman-en-desu.

Sumisu: Ja, sore-o kudasai.

Ten'in: Arigatoo-gozaimasu.

Translation

It's 50,000 yen.

Clerk: May I help you, sir?

Smith: Do you have any auto-focus cameras?

Clerk: Yes, over there.

Smith: How much is that one?

Clerk: Which one?

Smith: That big camera.

Clerk: Oh, this is 80,000 yen.

Smith: Do you have any cheaper ones?

Clerk: Yes, this is 50,000 yen.

Smith: Well then, I'll take it.

Clerk: Thank you.

Explanation

In this lesson you will learn several useful expressions for shopping. You will learn how to ask prices in yen, how to ask clerks to bring you more suitable goods, and how to indicate things around you. Pay careful attention to the use of 'ko/so/a/do' words when you point to things.

いらっしゃいませ。

Irasshaimase.

This is a very common phrase used in greeting customers in stores or restaurants. It can be translated as 'May I help you?' or 'Welcome.'

オートフォーカスの　カメラは　ありますか。
おーとふぉーかす　　　かめら

Ooto-fookasu-no kamera-wa arimasu-ka.

'-*Wa arimasu-ka?*' is used to ask someone whether he has an object or not. The dictionary form for '*arimasu*' is ⟨*aru (-u)*⟩. A more detailed explanation is given in LESSON 4.

それは　いくらですか。

Sore-wa ikura-desu-ka.

'*Ikura*' is used to ask prices. '*Sore*' is used to indicate the thing which belongs to or is close to the listener. See Notes 1.

どれですか。

Dore-desu-ka.

'*Dore*' means 'which of three or more.' 'Which of two' is '*dochira.*'

その　大きい　カメラです。
おお　　かめら

Sono ookii kamera-desu.

'*Ookii*' is an adjective which means 'big' or 'large.' '*Sono*' is one of the variations of '*sore*,' and it is used before nouns. '*Kore, sore, are*' and '*dore*' are pronouns which refer to things. The variations of these, such as '*kono, sono, ano*,' and '*dono*' can not be used alone, but precede nouns and function like adjectives.

もっと　やすい　カメラは　ありますか。
かめら

Motto yasui kamera-wa arimasu-ka.

'*Yasui*' is an adjective which means 'cheap' or 'inexpensive.' '*Motto*' means 'more.' It can be used in cases like '*motto ookii kamera,*' and '*motto yasui pen*' (a cheaper pen).

じゃ、それを　ください。

Ja, sore-o kudasai.

The phrase '-*o kudasai*' is used the same way as 'I'll take. . .'

Drills and Short Dialogues

●**Drill 1**　Practice while pointing to the appropriate direction.

  1．これです。　それです。　あれです。　どれですか。

  2．こちらです。　そちらです。　あちらです。
    どちらですか。

  3．この　ペンです。　その　ペンです。　あの　ペンです。
    どの　ペンですか。

are: that, those

kochira: this side, this way

sochira: your side

dochira: which one, which way

kono: this~(precedes nouns)

●**Drill 2**　Practice saying the following.

  1．これですか。

  2．この　ペンですか。

  3．こちらですか。

  4．どの　ペンですか。

  5．いくらですか。

  6．なんですか。

pen: pen

ano: that~(precedes nouns)

dono: which of~(more than three)

Nan-desu-ka: 'What is ~?' (cf. LESSON 1)

●**Drill 3**　Practice saying the following.

  ex. カメラ→この　カメラ・その　カメラ・あの　カメラ・
    どの　カメラ

  1．テレビ　2．ほん　3．きって　4．ペン

terebi: television

hon: book

kitte: stamp

●**Drill 4**　Practice saying the following.

  ひゃくえん　　にひゃくえん　　さんびゃくえん
  よんひゃくえん　ごひゃくえん　　ろっぴゃくえん
  ななひゃくえん　はっぴゃくえん　きゅうひゃくえん

hyaku-en: ¥100

  せんえん　　　にせんえん　　　さんぜんえん
  よんせんえん　ごせんえん　　　ろくせんえん
  ななせんえん　はっせんえん　　きゅうせんえん

sen-en: ¥1,000

  いちまんえん　にまんえん　　　さんまんえん
  よんまんえん　ごまんえん　　　ろくまんえん
  ななまんえん　はちまんえん　　きゅうまんえん
  じゅうまんえん

ichi-man-en: ¥10,000

juu-man-en: ¥100,000

●**Drill 5**　Practice saying the following.

  ex. ¥100　ひゃくえん

  1．¥300　　　2．¥1,500　　　3．¥7,000

4．¥20,000　　5．¥35,000　　6．¥120,000

●Short Dialogue 1

Practice speaking while pointing in the appropriate direction.

A：すみません、<u>これは</u>　いくらですか。
B：<u>200えんです。</u>

　1．これ、　　1,000えん　　2．それ、　　900えん
　3．それ、　　5,500えん　　4．あれ、　　300えん
　5．あれ、　　3,000えん　　6．これ、　　14,600えん

●Short Dialogue 2

Practice speaking while pointing in the appropriate direction.

A：すみません、<u>これは</u>　いくらですか。
B：どれですか。
A：<u>この　あかい　カメラ</u>です。
B：ああ、　<u>それは</u>　10,000えんです。

　1．これ、　この　くろい　カメラ、　それ
　2．あれ、　あの　しろい　とけい、　あれ
　3．これ、　この　ちいさい　カメラ、　それ
　4．それ、　その　くろい　テレビ、　これ

akai: red

kuroi: black

tokee: clock, watch

shiroi: white

chiisai: small, little

●Short Dialogue 3

A：もっと　<u>やすい　カメラ</u>は　ありますか。
B：はい、これです。(B hands it to A.)
A：じゃ、これを　ください。
B：はい、ありがとうございます。

　1．やすい　とけい
　2．やすい　ペン
　3．ちいさい　カメラ
　4．ちいさい　とけい

Applied Conversation

A and B are talking about the samples in the display case in front of a restaurant.

A：これは　なんですか。

B：すしです。

　　1．そば　　2．おちゃ　　3．おさけ

sushi: sushi

soba: Japanese noodles

o-cha: green tea

o-sake: sake

Vocabulary

●**Dialogue**

いらっしゃいませ	Irasshaimase	'Welcome.' or 'May I help you?'
オートフォーカス（おーとふぉーかす）	ooto-fookasu	auto-focus
カメラ（かめら）	kamera	camera
～は　ありますか	～wa arimasu-ka	'Are there～?' 'Is there～?'
あちら	achira	that way over there
それ	sore	that, those, 'the things near you'
いくらですか	Ikura-desu-ka	How much?
どれですか	Dore-desu-ka	Which one (of three or more)?
その	sono	that, those～ (precedes nouns)
大（おお）きい	ookii	big, large
ああ	aa	oh
これ	kore	this, these
80,000円（はちまんえん）	hachiman-en	￥80,000
もっと	motto	more
やすい	yasui	cheap
～を　ください	～o kudasai	I'll take～

●**Drill 1**

あれ	are	that, those over there
こちら	kochira	this side, this way (See LESSON 1.)
そちら	sochira	your (listener's) side
どちら	dochira	which way, which one (of two, See LESSON 1.)
この	kono	this, these～ (precedes nouns)
あの	ano	that, those～ over there (precedes nouns)
どの	dono	which one (of three or more, precedes nouns)
ペン（ぺん）	pen	pen

●**Drill 2**

なんですか	Nan-desu-ka	What is/are～?

● **Drill 3**

テレビ（てれび）	terebi	television
ほん	hon	book
きって	kitte	stamp

● **Drill 4**

ひゃくえん	hyaku-en	¥100
せんえん	sen-en	¥1,000
いちまんえん	ichiman-en	¥10,000
じゅうまんえん	juuman-en	¥100,000

● **Short Dialogue 2**

あかい	akai	red
くろい	kuroi	black
しろい	shiroi	white
ちいさい	chiisai	small, little
とけい	tokee	clock, watch

● **Applied Conversation**

すし	sushi	sushi
そば	soba	Japanese noodles
おちゃ	o-cha	green tea
おさけ	o-sake	sake

Notes

1. Words starting with *ko-*, *so-*, *a-*, *do-*

These are sometimes called *kosoado* words.

これ／それ／あれ／どれ

Kore is used for a thing or things close or belonging to the speaker.

Sore is used for a thing or things close to the listener. It can be translated as 'the thing(s) near you.'

Are is used for a thing or things far from both the speaker and the listener.

Dore can be used to ask 'which one' of a group of three or more things.

	ko words	*so* words	*a* words	*do* words
thing	これ *kore* this one	それ *sore* that one	あれ *are* that one over there	どれ *dore* which one
demonstrative or modifying	この *kono~* this~	その *sono~* that~	あの *ano~* that over there	どの *dono~* which of three or more
direction or person	こちら *kochira* here, this way, or this person	そちら *sochira* there, that way, or that person	あちら *achira* over there, or that person over there	どちら *dochira* which way, which one (donata, dare: who)
place	ここ *koko* here	そこ *soko* there	あそこ *asoko* over there	どこ *doko* where

2. Counting system, part 2 (See LESSON 2)

(1) From 21 to 40

21-*nijuuichi* 22-*nijuuni* 23-*nijuusan* 24-*nijuushi* 25-*nijuugo* 26-*nijuuroku*

27-*nijuushichi* 28-*nijuuhachi* 29-*nijuuku* 30-*sanjuu* 31-*sanjuuichi* 32-*sanjuuni*

33-*sanjuusan* 34-*sanjuushi* 35-*sanjuugo* 36-*sanjuuroku* 37-*sanjuushichi*

38-*sanjuuhachi* 39-*sanjuuku* 40-*yonjuu(shijuu)*

(2) The multiples of a hundred (*hyaku*) from 100 to 900

100-*hyaku* 200-*nihyaku* 300-*sanbyaku* 400-*yonhyaku* 500-*gohyaku* 600-*roppyaku*

700-*nanahyaku* 800-*happyaku* 900-*kyuuhyaku*

(3) The multiples of a thousand (*sen*) and ten thousand (*man*) from 1,000 to 1,000,000

1,000-*sen(issen)* 2,000-*nisen* 3,000-*sanzen* 4,000-*yonsen* 5,000-*gosen*

6,000-*rokusen* 7,000-*nanasen* 8,000-*hassen* 9,000-*kyuusen* 10,000-*ichiman*

12,000-*ichiman nisen* 20,000-*niman* 100,000-*juuman* 200,000-*nijuuman*

1,000,000-*hyakuman* ex. 35,826-*sanman gosen happyaku nijuu roku*

Pronunciation Practice

CD1 15

Practice saying the following sentences. Pay attention to the accent.

1. こちらです　　2. あちらです　　3. そちらです

4. たなかです　　5. しごとです　　6. おくにです

第4課
だい　よん　か

LESSON 4

あそこです
Asking Locations

● Key Sentences ●

1. あそこに　図書館が　あります。
　　　　　　としょかん

2. あそこに　女の人が　います。
　　　　　　おんな　ひと

3. 図書館は　どこに　ありますか。
　としょかん

Dialogue

(On campus.)

スミス：すみません。図書館は　どこに　ありますか。
すみす　　　　　　　としょかん

学　生：あそこに　たかい　たてものが　ありますね。
がく　せい

スミス：ええ。
すみす

学　生：図書館は　その　となりです。
がく　せい　としょかん

スミス：どうも　ありがとう。
すみす

学　生：どういたしまして。
がく　せい

(In the library.)

スミス：　すみません。辞書は　どこですか。
すみす　　　　　　　じしょ

図書館員：あそこです。
としょかんいん

スミス：　え、どこですか。
すみす

図書館員：あそこに　女の人が　いますね。
としょかんいん　　おんな　ひと

スミス：　はい。
すみす

図書館員：あの人の　まえです。
としょかんいん　ひと

Accent, Prominence, and Intonation

Asoko-desu.

Sumisu: Sumimasen. Toshokan-wa **doko-ni** arimasu-ka. ♪

Gakusee: Asoko-ni **takai** tatemono-ga arimasu-ne. ♪

Sumisu: Ee.

Gakusee: Toshokan-wa sono **tonari-desu.**

Sumisu: **Doomo** arigatoo.

Gakusee: Doo-itashimashite.

Sumisu: Sumimasen, **jisho-wa** doko-desu-ka. ♪

Toshokan'in: Asoko-desu.

Sumisu: E, **doko**-desu-ka. ♪

Toshokan'in: Asoko-ni **onna-no-hito-ga** imasu-ne. ♪

Sumisu: Hai.

Toshokan'in: Ano-hito-no **mae-desu.**

Translation

It's over there.

Smith: Excuse me, where's the library?

Student: Do you see that tall building over there?

Smith: Yes.

Student: The library is next to it.

Smith: Thank you.

Student: You're welcome.

Smith: Excuse me, where's the dictionary?

Librarian: Over there.

Smith: Where?

Librarian: Do you see that woman over there?

Smith: Yes.

Librarian: It's in front of her.

Explanation

In this lesson you will learn how to talk about the presence of living things and inanimate objects. Different verbs are used depending on whether the object is animate or inanimate.

図書館は どこに ありますか。
としょかん

Toshokan-wa doko-ni arimasu-ka

'-*Wa doko-ni arimasu-ka*' is a very common expression used to ask the location of an inanimate object.

あそこに たかい たてものが ありますね。

Asoko-ni takai tatemono-ga arimasu-ne.

'*Asoko*' is used to refer to a place which is not close to either the speaker or the person addressed (see LESSON 3). '-*Ni*' indicates location. '*X-ni Y-ga arimasu*' is the basic pattern used to express the presence of an inanimate object (or objects) in a certain place. '-*Ne*' is used at the end of a sentence. It is generally used to solicit agreement from the listener when pronounced with a rising intonation.

図書館は その となりです。
としょかん

Toshokan-wa sono tonari-desu.

'*Sono tonari*' means 'next to that.' '*Tonari*' by itself means 'next door.' '-*No tonari-ni*' forms an expression of relative location. '-*Desu*' is used in place of '-*ni arimasu.*'

え、どこですか。

E, doko-desu-ka.

'*E*' here indicates that the speaker did not understand.

あそこに 女の人が いますね。
おんな ひと

Asoko-ni onna-no-hito-ga imasu-ne.

'*X-ni Y-ga imasu*' is the basic pattern used to express the presence of living things in a certain place.

あの人の まえです。
ひと

Ano-hito-no mae-desu.

'*Ano-hito*' literally means 'that person.' It is used for he and she. '-*No mae-desu*' means 'in front of . . . .' '-*Desu*' is used in place of '-*ni imasu.*'

Drills and Short Dialogues

● **Drill 1**　Practice saying the following.

　　A　**ex.** ここに　<u>ほんが</u>　あります。

　　　　　１．ペン　　２．ノート　　３．カメラ　　４．とけい

　　B　**ex.** そこに　<u>ほんが</u>　あります。

　　　　　１．ペン　　２．ノート　　３．カメラ　　４．とけい

　　C　**ex.** あそこに　<u>ほんが</u>　あります。

　　　　　１．ペン　　２．ノート　　３．カメラ　　４．とけい

koko: here

nooto: notebook

soko: there

● **Drill 2**　Practice saying the following.

　　A　**ex.** ここに　<u>きむらさんが</u>　います。

　　　　　１．スミスさん　　２．ともだち　　３．いぬ　　４．ねこ

　　B　**ex.** そこに　<u>きむらさんが</u>　います。

　　　　　１．スミスさん　　２．ともだち　　３．いぬ　　４．ねこ

　　C　**ex.** あそこに　<u>きむらさんが</u>　います。

　　　　　１．スミスさん　　２．ともだち　　３．いぬ　　４．ねこ

tomodachi: friend

inu: dog

neko: cat

● **Drill 3**　Practice saying the following.

　　A　**ex.** <u>テレビは</u>　どこに　ありますか。

　　　　　１．ほん　　２．とけい　　３．ノート　　４．じしょ

　　B　**ex.** <u>きむらさんは</u>　どこに　いますか。

　　　　　１．スミスさん　　２．がくせい　　３．ともだち

● **Drill 4**　Practice saying the following.

　　A　A：いすは　どこに　ありますか。

　　　　　B：つくえの　そばに　あります。

　　B　A：かばんは　どこに　ありますか。

　　　　　B：いすの　うえに　あります。

isu: chair

tsukue: desk

soba: near

kaban: bag

ue: on

C A：さいふは　どこに　ありますか。

　　B：かばんの　なかに　あります。

saifu: purse, wallet

naka: in

D A：おかねは　どこに　ありますか。

　　B：さいふの　なかに　あります。

o-kane: money

E A：きむらさんは　どこに　いますか。

　　B：つくえの　そばに　います。

●Short Dialogue 1

A：とけいは　どこに　ありますか。

B：あそこに　あります。

　1．テレビ　　2．ほん　　3．じしょ　　4．としょかん

●Short Dialogue 2

A：きっさてんは　どこに　ありますか。

B：レストランの　となりに　あります。

　or　がっこうの　まえに　あります。

　1．びょういん　　2．ゆうびんきょく　　3．ぎんこう

kissaten: tearoom, coffee shop

gakkoo: school

●Short Dialogue 3

A A：あそこに　たかい　たてものが　ありますね。

　　B：ええ。

　1．びょういん　　2．ゆうびんきょく　　3．ぎんこう

B A：あそこに　スミスさんが　いますね。

　　B：ええ。

　1．きむらさん　　2．がくせい　　3．けいかん

keekan: policeman

●Short Dialogue 4

A：きむらさんは　どこに　いますか。／どこですか。

B：つくえの　そばに　います。／そばです。

Applied Conversation

Ask questions about the picture below.

A：<u>ほん</u>は　どこに　ありますか。

B：<u>つくえの　うえ</u>に　あります。

A：ああ、そうですか。

Vocabulary

●**Dialogue**

図書館（としょかん）	toshokan	library
どこ	doko	where
～に	～ni	in, at～
あります	arimasu	is, are (inanimate) ⟨dict. *aru* (-u)⟩
あそこ	asoko	over there
たかい	takai	tall
たてもの	tatemono	building
～が　あります	～ga arimasu	there is～
～ね	～ne	～, isn't it. (See Explanation.)
ええ	ee	yes
となり	tonari	next
どうも　ありがとう	Doomo arigatoo	Thank you.
辞書（じしょ）	jisho	dictionary
図書館員（としょかんいん）	toshokan'in	librarian
え？	e	What? Pardon?
います	imasu	is, are (animate) ⟨dict. *iru* (-ru)⟩
あの人（ひと）	ano-hito	he/she, that person
まえ	mae	in front of

●**Drill 1**

ここ	koko	here, this place
ノート（のーと）	nooto	notebook
そこ	soko	there, that place (See Notes, LESSON 3.)

●**Drill 2**

ともだち	tomodachi	friend
いぬ	inu	dog
ねこ	neko	cat

●**Drill 4**

いす	isu	chair
つくえ	tsukue	desk
そば	soba	near
かばん	kaban	bag
うえ	ue	on
さいふ	saifu	purse, wallet
なか	naka	in
おかね	okane	money

●**Short Dialogue 2**

きっさてん	kissaten	tearoom, coffee shop
がっこう	gakkoo	school

●**Short Dialogue 3**

けいかん	keekan	policeman

Notes

'-*Ne*' varies in pitch. It is comparable to '-*ka*,' which can be pronounced either higher or lower than the main part of the sentence.

```
                                    ne.
        soko-ni  nna-no-hito    ma
    A          o           ga  i  su
```

```
        soko-ni  nna-no-hito      ma
    A          o               i  su
                            ga      ne.
```

The height in pitch is proportionate to the degree of eagerness with which the speaker seeks to solicit agreement. (The higher the pitch, the greater the emphasis becomes.)

Pronunciation Practice

Practice saying the following sentences. Pay attention to the accent.

1. が￣っこう￣です。　2. が￣くせい￣です。　3. と￣も￣だち￣です。

4. ぎ￣んこう￣です。　5. び￣ょ￣ういん￣です。　6. と￣う￣きょう￣です。

Quiz

(LESSONS 1～4)

1. Answer the questions below.

a. What time is it now?

ex. Sanji-desu.　① 　② 　③ 　④

b. How much is it?

ex. Hyaku-en-desu.　① 　② 　③ 　④

¥ 100　¥ 500　¥ 8,000　¥ 1,200　¥ 50,000

2. Name the objects below in Japanese.

ex. Kamera-desu.

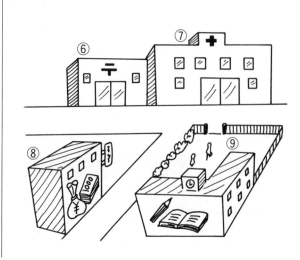

3. Fill in each space with appropriate question words.

  ① Q : Depaato-wa _____-kara-desu-ka.

     A : 10ji-kara-desu.

  ② Q : Tanaka-san-wa _____-ni imasu-ka.

     A : Asoko-ni imasu.

  ③ Q : Sore-wa _____-desu-ka.

     A : 10,000-en-desu.

  ④ Q : Ima _____-desu-ka.

     A : 12ji-desu.

  ⑤ Q : Kore-wa _____-desu-ka.

     A : Nihongo-no hon-desu.

4. Look at the picture below and answer the questions that follow.

  ① Tokee-wa doko-ni arimasu-ka.

  ② Ima nanji-desu-ka.

  ③ Neko-wa doko-desu-ka.

  ④ Onna-no-hito-wa doko-desu-ka.

5. Express the following in Japanese.

  ① How do you do?

  ② Do you have any white cameras?

  ③ What time is it now?

  ④ Where is the hospital?

  ⑤ How much is this?

  ⑥ I'll take it.. (at the store)

  ⑦ What country are you from?

THE WRITING SYSTEM OF JAPANESE NUMERALS

Numbers in Japanese are written with either Arabic numerals or kanji numerals, with no difference in meaning. Japanese is written both horizontally, and vertically. Vertical writing is used in newspapers, novels, and personal letters, while horizontal writing is used in scientific writings, language textbooks, and others. In vertical writing, kanji numerals are normally used. In documents written horizontally (like this textbook), it is customary to use Arabic numerals for regular numbers and use kanji numerals for numbers included in compounds and set phrases. Some people, especially older people, like to use mainly kanji numerals.

In this textbook Arabic numerals are used throughout all 12 lessons, but kanji numerals are introduced here because it is necessary to be able to recognize them.

Study the following table contrasting Arabic numerals and kanji numerals.

1	一
2	二
3	三
4	四
5	五
6	六
7	七
8	八
9	九

10	十
100	百
1000	千
10000	万

The following shows the cases where kanji numerals are commonly used. Practice reading them.

TIME: Time is often written with kanji numerals.

1時	ichiji→ 一時		7時	shichiji→ 七時
2時	niji→ 二時		8時	hachiji→ 八時
3時	sanji→ 三時		9時	kuji→ 九時
4時	yoji→ 四時		10時	juuji→ 十時
5時	goji→ 五時		11時	juuichiji→ 十一時
6時	rokuji→ 六時		12時	juuniji→ 十二時

PRICE: Price is also often written with kanji numerals, especially round numbers.

10円	juu-en→ 十円		10,000円	ichiman-en→ 一万円
20円	nijuu-en→ 二十円		50,000円	goman-en→ 五万円
100円	hyaku-en→ 百円		100,000円	juuman-en→ 十万円
1,000円	sen-en→ 千円		1,000,000万円	hyakuman-en → 百万円
3,000円	sanzen-en→ 三千円			

OTHERS: The following counters are often written with kanji numerals.

人(people) : 1人 hitori→ 一人
2人 futari→ 二人
7人 shichinin→ 七人

日(days) : 3日 mikka (third day of month, three days)→ 三日
10日 tooka (tenth day of the month, ten days)→ 十日

月(months) : 1月 ichigatsu, hitotsuki (January, one month)→ 一月
12月 juunigatsu (December)→ 十二月

NUMERALS IN COMPOUNDS:

Numerals in words like the following are always written with kanji.

一日中 ichinichi-juu (all day long)

十分に juubun-ni (sufficiently)

四国 Shikoku (place name)

第5課
だい ご か

LESSON 5

まだ わかりません
Talking about Your Plans

●Key Sentences●

1. おはようございます。

2. 何時に おきますか。
   なんじ

3. こんどの やすみは 何を しますか。
   なに

Dialogue

(On the street.)

山 田：おはようございます。
やま だ

スミス：おはようございます。きょうは いい 天気ですね。
すみ す   てん き

山 田：そうですね。
やま だ

スミス：山田さんは あさ 何時に おきますか。
すみ す やま だ   なんじ

山 田：6時に おきます。
やま だ ろくじ

スミス：はやいですね。わたしは 7時ごろ おきます。
すみ す   しちじ

山 田：そうですか。日本語の レッスンは 何時に はじまりますか。
やま だ   にほんご   れっすん   なんじ

スミス：9時に はじまります。
すみ す くじ

山 田：まいにち いきますか。
やま だ

スミス：はい。でも 土ようびと 日ようびは やすみです。
すみ す   ど   にち

山 田：こんどの やすみは 何を しますか。
やま だ   なに

スミス：まだ わかりません。
すみ す

48

Accent, Prominence, and Intonation

Mada wakarimasen.

Yamada: Ohayoo-gozaimasu.

Sumisu: Ohayoo-gozaimasu. Kyoo-wa ii tenki-desu-ne.

Yamada: Soo-desu-ne.

Sumisu: Yamada-san-wa asa nanji-ni okimasu-ka.↗

Yamada: Rokuji-ni okimasu.

Sumisu: Hayai-desu-ne. Watashi-wa shichiji-goro okimasu.

Yamada: Soo-desu-ka. Nihongo-no ressun-wa nanji-ni hajimarimasu-ka.↗

Sumisu: Kuji-ni hajimarimasu.

Yamada: Mainichi ikimasu-ka.↗

Sumisu: Hai. Demo doyoobi-to nichiyoobi-wa yasumi-desu.

Yamada: Kondo-no yasumi-wa nani-o shimasu-ka.↗

Sumisu: Mada wakarimasen.

Translation

I don't know yet.

Yamada: Good morning.

Smith: Good morning. Nice day, isn't it?

Yamada: Yes, it is.

Smith: What time do you get up in the morning, Mr.Yamada?

Yamada: At six.

Smith: That's early. I get up around seven.

Yamada: Is that right? What time does your Japanese class begin?

Smith: At nine.

Yamada: Do you go to school everyday?

Smith: Yes. But I have Saturdays and Sundays off.

Yamada: What will you do next weekend?

Smith: I don't know yet.

Explanation

In this lesson you will learn greetings, several verbs, particles indicating time, and the names of the days of the week.

おはようございます。

Ohayoo-gozaimasu.

It means 'Good morning.'

きょうは いい 天気ですね。

Kyoo-wa ii tenki-desu-ne.

When the weather is good, '*Ii tenki-desu-ne*' is commonly used as a greeting.

山田さんは あさ 何時に おきますか。

Yamada-san-wa asa nanji-ni okimasu-ka.

'*Nanji-ni*' means 'at what time.'
'*-Ni*' indicates the time of action.

わたしは 7時ごろ おきます。

Watashi-wa shichiji-goro okimasu.

'*Shichiji-goro*' means 'about seven o'clock.'
'*Goro*' indicates approximate time.

こんどの やすみは 何を しますか。

Kondo-no yasumi-wa nani-o shimasuka.

'*-O*' is an object marker. '*-O*' indicates that the noun preceding it is the direct object of the verb following it.

Drills and Short Dialogues

CD1
23

●**Drill 1**   Practice saying the following.

きのう

きょう

あした

kinoo: yesterday

ashita: tomorrow

●**Drill 2**   Practice saying the following.

A   ex.おきます

1．いきます   2．かえります   3．ねます

4．おわります   5．はじまります

B   ex.おきません

1．いきません   2．かえりません   3．ねません

4．おわりません   5．はじまりません

C   ex.7時に　おきます
　　　しちじ

1．8時に　いきます   2．9時に　かえります
　　はちじ　　　　　　　　　　　く　じ
3．10時に　ねます   4．11時に　おわります
　　じゅうじ　　　　　　　　　じゅういち　じ
5．12時に　はじまります
　　じゅうに　じ

kaerimasu: go home

nemasu: sleep

owarimasu: finish

●**Drill 3**   Practice saying the following.

ex.テニスを　します
　　　て　に　す

1．さんぽを　します   2．そうじを　します

3．べんきょうを　します   4．ほんを　よみます

5．せんたくを　します

sanpo: walk

sooji: cleaning

benkyoo: study

sentaku: wash, laundry

●Drill 4　Practice saying the following.

日ようび
月ようび
火ようび
水ようび
木ようび
金ようび
土ようび

getsuyoobi: Monday

kayoobi: Tuesday

suiyoobi: Wednesday

mokuyoobi: Thursday

kin'yoobi: Friday

●Short Dialogue 1

A：何時に　おきますか。
B：7時に　おきます。
A：そうですか。

　　1．いきます　　　　9：00
　　2．かえります　　　5：00
　　3．ねます　　　　10：30
　　4．おわります　　　4：30
　　5．はじまります　　2：00

●Short Dialogue 2

A：きょう　いきますか。
B：いいえ、きょうは　いきません。
　　土ようびに　いきます。

　　1．みます　　みません　　日ようび　　みます
　　2．します　　しません　　火ようび　　します
　　3．よみます　よみません　金ようび　　よみます

●Short Dialogue 3

A：あしたは　何を　しますか。
B：テニスを　します。
A：そうですか。
B：　A　さんは。
A：まだ　わかりません。

　　1．仕事を　します。
　　2．そうじを　します。
　　3．べんきょうを　します。
　　4．せんたくを　します。
　　5．さんぽを　します。

Applied Conversation

CD1
24

A

A：おはようございます。
B：おはようございます。
A：きょうは　いい　天気ですね。
　　　　　　　　　てんき
B：そうですね。

B

A：こんにちは。
B：こんにちは。
A：きょうは　あついですね。
B：そうですね。

Konnichiwa: Hello;
　Good afternoon

atsui: hot

C

A：こんばんは。
B：こんばんは。
A：きょうは　さむいですね。
B：そうですね。

Konbanwa:
　Good evening

samui: cold

Vocabulary

●**Dialogue**

おはようございます	Ohayoo-gozaimasu	Good morning.
〜に	〜ni	at〜
おきます	okimasu	get up (dict., *okiru* (-ru))
こんど	kondo	next
やすみ	yasumi	holiday
何(なに)	nani	what
〜を	〜o	(See Explanation)
します	shimasu	do (dict., *suru* (irregular))
きょう	kyoo	today
いい	ii	good, fine
天気(てんき)	tenki	weather
あさ	asa	morning
わたし	watashi	I
ごろ	goro	about
レッスン(れっすん)	ressun	lesson, class
はじまります	hajimarimasu	begin (dict., *hajimaru* (-u))
まいにち	mainichi	everyday
いきます	ikimasu	go (dict., *iku* (-u))
でも	demo	but
土(ど)ようび	doyoobi	Saturday
〜と	to	and
日(にち)ようび	nichiyoobi	Sunday
まだ	mada	(not) yet
わかります	wakarimasu	know, understand (dict., *wakaru* (-u))

●**Drill 1**

きのう	kinoo	yesterday
あした	ashita	tomorrow

●**Drill 2**

かえります	kaerimasu	go home (dict., *kaeru* (-u))
ねます	nemasu	sleep (dict., *neru* (-ru))
おわります	owarimasu	finish (dict., *owaru* (-u))

●**Drill 3**

さんぽ	sanpo	walk
そうじ	sooji	cleaning
べんきょう	benkyoo	study
せんたく	sentaku	wash, laundry

●**Drill 4**

月(げつ)ようび	getsuyoobi	Monday
火(か)ようび	kayoobi	Tuesday
水(すい)ようび	suiyoobi	Wednesday
木(もく)ようび	mokuyoobi	Thursday
金(きん)ようび	kin'yoobi	Friday

●**Short Dialogue 3**

テニス(てにす)	tenisu	tennis

●**Applied Conversation**

こんにちは	Konnichiwa	'Good afternoon.' ' Hello.'
あつい	atsui	hot
こんばんは	Konbanwa	Good evening.
さむい	samui	cold

●**Notes**

くる	kuru	come (dict., *kuru* (irregular))

Notes

1. Present affirmative and Present negative

Present affirmative		Present negative	
おきます	(okimasu)	おきません	(okimasen)
します	(shimasu)	しません	(shimasen)
はじまります	(hajimarimasu)	はじまりません	(hajimarimasen)
いきます	(ikimasu)	いきません	(ikimasen)
わかります	(wakarimasu)	わかりません	(wakarimasen)
かえります	(kaerimasu)	かえりません	(kaerimasen)
ねます	(nemasu)	ねません	(nemasen)
おわります	(owarimasu)	おわりません	(owarimasen)

If you want to look up the verb '*okimasu* ,' you must look under its dictionary form '*okiru* .' The '*-masu*' form is more polite than the dictionary form. You can make the negative form of the '*-masu*' form by changing '*-masu*' into '*-masen* .'

2. Verb groups

All Japanese verbs are divided into two groups, with two exceptions, '*suru*' and '*kuru*.'

group 1 (-u verbs)	group 2 (-ru verbs)	group 3 (irregular verbs)
hajimaru (hajimarimasu) iku (ikimasu) wakaru (wakarimasu) kaeru (kaerimasu) owaru (owarimasu)	okiru (okimasu) neru (nemasu)	suru (shimasu) kuru (kimasu)

Pronunciation Practice

A. Practice saying the following. Pay attention to the accent.
  1. おきます。　2. いきます。　3. します。　4. ねます。
  5. わかります。　6. かえります。

B. Add '*-ka*' to the words in A, and practice saying each phrase with rising intonation.
  ex. おきますか。♪

第6課
だい ろっ か

LESSON 6

公園へ いきました
こう えん
Talking about What You Did Yesterday

●Key Sentences●

1. どこかへ いきましたか。

2. 公園へ いきました。
こうえん

3. どこへも いきませんでした。

CD1 27

Dialogue

(On the street.)

山　田：こんにちは。
やま だ

スミス：こんにちは。
す み す

山　田：きのうは よく はれましたね。
やま だ

スミス：そうですね。
す み す

山　田：どこかへ いきましたか。
やま だ

スミス：ええ。公園へ いきました。
す み す 　　こうえん

山　田：公園で 何を しましたか。
やま だ こうえん なに

スミス：テニスを しました。
す み す て に す

山　田：そうですか。わたしは どこへも いきませんでした。うちで
やま だ
　　　　ビデオを みました。
　　　　び で お

スミス：何を みましたか。
す み す なに

山　田：「ロビンフッド」を みました。
やま だ 　ろ び ん ふっ ど

56

Accent, Prominence, and Intonation

Kooen-e ikimashita.

Yamada: Konnichiwa.

Sumisu: Konnichiwa.

Yamada: Kinoo-wa yoku haremashita-ne.

Sumisu: Soo-desu-ne.

Yamada: Dokoka-e ikimashita-ka. ♪

Sumisu: Ee. Kooen-e ikimashita.

Yamada: Kooen-de nani-o shimashita-ka. ♪

Sumisu: Tenisu-o shimashita.

Yamada: Soo-desu-ka. Watashi-wa doko-emo ikimasen-deshita. Uchi-de bideo-o mimashita.

Sumisu: Nani-o mimashita-ka. ♪

Yamada: "Robinhuddo"-o mimashita.

Translation

I went to the park.

Yamada: Hello.

Smith: Hello.

Yamada: Nice day yesterday, wasn't it?

Smith: Yes, it was.

Yamada: Did you go anywhere?

Smith: Yes, I went to the park.

Yamada: What did you do there?

Smith: I played tennis.

Yamada: Really? I didn't go anywhere. I watched a video at home.

Smith: What did you see?

Yamada: "Robin Hood."

Explanation

In this lesson you will learn 'mashita,' the past form of '-masu,' and particles indicating direction and place.

こんにちは。

Konnichiwa.

It means 'Good afternoon' or 'Hello.'

どこかへ　いきましたか。

Dokoka-e ikimashita-ka.

'*Dokoka-e*' means 'to someplace,' '*ikimashita-ka*' means 'Did you go?' and '*-e*' indicates direction. '*-Mashita*' is the past form of '*-masu*,' you can make past form.

Ex. *ikimasu* → *ikimashita*
　　okimasu → *okimashita*
　　shimasu → *shimashita*

公園で　何を　しましたか。
こうえん　なに

Kooen-de nani-o shimashita-ka.

'*Kooen-de*' means 'at the park.' '*-De*' indicates the place where an action is performed.

わたしは　どこへも　いきませんでした。

Watashi-wa doko-emo ikimasen-deshita.

'*Doko-emo*' means '(not) to any place' and '*ikimasen-deshita*' means 'did not go.' '*Doko-emo ikimasen*' means 'I do not go anywhere.' Adding '*-deshita*' to '*-masen*' forms the past tense.

Drills and Short Dialogues

CD1
28

● **Drill 1**　Practice saying the following.

いきます→いきました→いきませんでした
します　→しました　→しませんでした
みます　→みました　→みませんでした
はれます→はれました→はれませんでした
よみます→よみました→よみませんでした
のみます→のみました→のみませんでした
たべます→たべました→たべませんでした
ねます　→ねました　→ねませんでした
おきます→おきました→おきませんでした

yomimasu: read
nomimasu: drink
tabemasu: eat

● **Drill 2**　Practice saying the following.

1．せんしゅう　いきました　　2．らいげつ　　いきます
3．きのう　　　　いきました　　4．らいしゅう　いきます

senshuu: last week
raigetsu: next month
raishuu: next week

● **Drill 3**　Practice saying the following.

ex. テニスを　します。その　あと　ほんを　よみます。
1．テレビを　みます。
2．そうじを　します。
3．べんきょうを　します。

sono ato: after that

● **Short Dialogue 1**

A：こんにちは。
B：こんにちは。
A：きのうは　よく　はれましたね。
B：そうですね。
　　1．いやな　てんきでしたね
　　2．いい　おてんきでしたね

iyana: bad

● **Short Dialogue 2**

A：きのうは　テレビを　みましたか。
B：いいえ　みませんでした。
A：なにを　しましたか。
B：べんきょうを　しました。
A：そうですか。
　　1．べんきょうを　しました　　しません
　　　　テレビを　みました
　　2．せんたくを　しました　　　しません
　　　　かいものを　しました
　　3．えいがを　みました　　　　みません
　　　　ほんを　よみました

kaimono: shopping
eega: movie

4．テニスを　しました　　　　しません
　　仕事を　しました

●Short Dialogue 3

A

A：あした　何を　しますか。
B：べんきょうを　します。
A：どこで　しますか。
B：学校で　します。

1．ほんを　よみます　　よみます
　　図書館で　よみます
2．テニスを　します　　　します
　　公園で　します
3．テレビを　みます　　　みます
　　うちで　みます
4．かいものを　します　　します
　　デパートで　します

B

A：きのう　何を　しましたか。
B：べんきょうを　しました。
A：どこで　しましたか。
B：学校で　しました。

1．ほんを　よみました　　　よみました
　　図書館で　よみました
2．テニスを　しました　　　しました
　　公園で　しました
3．テレビを　みました　　　みました
　　うちで　みました
4．かいものを　しました　　しました
　　デパートで　しました

●Short Dialogue 4

A

A：あした　どこかへ　いきますか。
B：はい、学校へ　いきます。

1．えき　　2．図書館　　3．ぎんこう
4．ゆうびんきょく　　5．レストラン

eki: station

B

A：きのう　どこかへ　いきましたか。
B：はい、学校へ　いきました。

1．えき　　2．公園　　3．ぎんこう
4．ゆうびんきょく　　5．デパート

Applied Conversation

(At a police box.)

A

山田： すみません。
けいかん：はい。

山田： あのう……。
　　　　かぎを おとしました。
けいかん：そうですか。

He checks the lost-and-found shelves and finds it.

　　　　これですか。
山田： はい。ありがとうございます。
　　　1．ほん　 2．さいふ　 3．とけい

Anoo: Excuse me.

kagi: key

otoshimashita: lost

B）

山田： すみません。
けいかん：はい。
山田： あのう……。
　　　　かぎを おとしました。
けいかん：かぎですか。
山田： はい。
けいかん：どこで おとしましたか。
山田： わかりません。
けいかん：きょう どこへ いきましたか。
山田： 学校へ いきました。
けいかん：そうですか。

He checks the lost-and-found shelves and finds it.

　　　　これですか。
山田： はい。ありがとうございます。
　　　1．ほん、　　図書館
　　　2．さいふ、　デパート
　　　3．とけい、　ぎんこう

Vocabulary

● **Dialogue**

よく	yoku	a lot
はれます	haremasu	clear (up) ⟨dict., *hareru* (-ru)⟩
どこか	dokoka	somewhere, anywhere
〜へ	〜e	to〜
〜も	〜mo	(See Explanation.)
〜で	〜de	at〜
うち	uchi	home
ビデオ(びでお)	bideo	video
みます	mimasu	see, watch ⟨dict., *miru* (-ru)⟩
ロビンフッド(ろびんふっど)	Robinhuddo	Robin Hood (name of a movie)

● **Drill 1**

よみます	yomimasu	read ⟨dict., *yomu* (-u)⟩
のみます	nomimasu	drink ⟨dict., *nomu* (-u)⟩
たべます	tabemasu	eat ⟨dict., *taberu* (-ru)⟩

● **Drill 2**

せんしゅう	senshuu	last week
らいげつ	raigetsu	next month
らいしゅう	raishuu	next week

● **Short Dialogue 1**

いやな	iyana	bad

● **Short Dialogue 2**

えいが	eega	movie
かいもの	kaimono	shopping

● **Short Dialogue 4**

えき	eki	station

● **Applied Conversation**

あのう	Anoo	Excuse me.
かぎ	kagi	key
おとします	otoshimasu	lose ⟨dict., *otosu* (-u)⟩

Notes

1. Casual greetings

When meeting acquaintances, you can use greetings such as *'konnichiwa'* or *'konbanwa'* accompanied by a slight bow. The Japanese use this gesture very often when passing acquaintances on the street.

2. The past form of *'-masu'*

The ⟨*-masu* form⟩ of a verb is used to describe what happens in the present or what will happen in the future. Using *'-mashita'* instead of *'-masu'* makes the past form. Adding *'-deshita'* to *'-masen'* changes the present negative form into the past negative form.

Present affirmative	Past affirmative
いきます　(*ikimasu*) みます　(*mimasu*) します　(*shimasu*)	いきました　(*ikimashita*) みました　(*mimashita*) しました　(*shimashita*)
Present negative	Past negative
いきません　(*ikimasen*) みません　(*mimasen*) しません　(*shimasen*)	いきませんでした　(*ikimasen-deshita*) みませんでした　(*mimasen-deshita*) しませんでした　(*shimasen-deshita*)

Pronunciation Practice

A. Practice saying the following. Pay attention to the accent.

　１．せんせい　　２．ひらがな　　３．かたかな　　４．かんごふ　　５．コーヒー (coffee)

B. Add *'-desu'* to the words in A, and practice saying each phrase.

　ex.　せんせいです。

C. Add *'-desu-ka'* to the words in A, and practice saying each phrase with a rising intonation.

　ex.　せんせいですか。♪

第7課
だい なな か

LESSON 7

テニスを　しませんか
て に す

Playing Tennis

●Key Sentences●

1. テニスを　しませんか。
て に す

2. しましょう。

3. ざんねんですが、用事が　あります。
ようじ

4. 午前は　いそがしいですが、午後は　だいじょうぶです。
ごぜん ごご

Dialogue

(Smith calls Yoko Kimura.)

スミス：もしもし、木村さんの　おたくですか。
すみす きむら

木　村：はい。そうです。
き むら

スミス：スミスですが、ようこさん　おねがいします。
すみす すみす

木　村：はい、わたしです。こんにちは。
き むら

スミス：こんにちは。テニスを　しませんか。
すみす て に す

木　村：ええ、いいですね。しましょう。
き むら

スミス：あしたは　どうですか。
すみす

木　村：ざんねんですが、用事が　あります。
き むら ようじ

スミス：そうですか。あさっては　どうですか。
すみす

木　村：午前は　いそがしいですが、午後は　だいじょうぶです。
き むら ごぜん ごご

スミス：じゃ、1時に　駅で　あいませんか。
すみす いちじ えき

木　村：ええ、いいですね。そう　しましょう。
き むら

64

Accent, Prominence, and Intonation

Tenisu-o shimasen-ka.

Sumisu: Moshi-moshi, Kimura-san-no otaku-desu-ka. ↗

Kimura: Hai, soo-desu.

Sumisu: Sumisu-desu-ga, Yooko-san onegai-shimasu.

Kimura: Hai, watashi-desu. Konnichiwa.

Sumisu: Konnichiwa. **Tenisu-o** shimasen-ka. ↗

Kimura: Ee, ii-desu-ne. Shimashoo.

Sumisu: **Ashita-wa** doo-desu-ka. ↗

Kimura: Zannen-desu-ga, **yooji-ga** arimasu.

Sumisu: Soo-desu-ka. **Asatte-wa** doo-desu-ka. ↗

Kimura: **Gozen-wa** isogashii-desu-ga, **gogo-wa** daijoobu-desu.

Sumisu: Ja, **ichiji-ni eki-de** aimasen-ka. ↗

Kimura: Ee, ii-desu-ne. **Soo** shimashoo.

Translation

Would You Like to Play Tennis?

Smith: Is this the Kimura residence?

Kimura: Yes, it is.

Smith: This is Smith calling. Could I talk to Yoko, please?

Kimura: This is she. How are you?

Smith: Fine. Would you like to play tennis with me?

Kimura: That sounds good. Yes, let's.

Smith: How about tomorrow?

Kimura: I'm sorry, but I'm busy tomorrow.

Smith: I see. How about the day after tomorrow?

Kimura: I'm free in the afternoon, but I'm busy in the morning.

Smith: Then, why don't we meet at the station at 1 o'clock?

Kimura: O.K. Let's.

Explanation

In this lesson, you will learn how to invite someone to do something and how to talk on the telephone.

もしもし、木村さんの　おたくですか。スミスですが、ようこさん　おね
がいします。

Moshi-moshi, Kimura-san-no otaku-desu-ka. Sumisu-desu-ga, Yooko-san onegai-shimasu.

This is a common expression for beginning telephone conversations.

テニスを　しませんか。

Tenisu-o shimasen-ka.

'-*Masen-ka*' represents a negative question in *masu*-form and is used to make a polite invitation or suggestion.

ええ、いいですね。しましょう。

Ee, ii-desu-ne. Shimashoo.

'-*Mashoo*' is used to express a wish. Here, following '*Ee, ii-desu-ne,*' '-*mashoo*' strengthens the speaker's assent to an invitation or suggestion.

あしたは　どうですか。

Ashita-wa doo-desu-ka.

You can add '-*wa doo-desu-ka*' to a noun clause to form a question. A question of this kind can be used to remind the listener of something.

ざんねんですが、用事が　あります。

Zannen-desu-ga, yooji-ga arimasu.

When refusing an invitation, it is sufficient to simply mention the reason for your refusal. '*Zannen-desu-ga*' indicates regret and makes the refusal sound polite.

午前は　いそがしいですが、午後は　だいじょうぶです。

Gozen-wa isogashii-desu-ga, gogo-wa daijoobu-desu.

In this sentence, the particle '-*wa*' is used to compare two topics. '-*Ga*' means 'but.'

じゃ、1時に　駅で　あいませんか。

Ja, ichiji-ni eki-de aimasen-ka.

The particle '-*ni*' following a specific time shows the time at which something happens. The particle '-*de*' with a place name is used to show where an action occurs.

Drills and Short Dialogues

●**Drill 1**　Practice saying the following.

A：もしもし、 <u>B</u> さんの　おたくですか。

B：はい、そうです。

A：<u>A</u> ですが、 <u>B</u> さん　おねがいします。

B：はい、わたしです。

●**Drill 2**　Practice saying the following.

A　A：<u>テニスを　し</u>ませんか。
　　　　　　 て に す
　　　B：ええ、いいですね。　<u>し</u>ましょう。

B　A：<u>テニスを　し</u>ませんか。
　　　　　　 て に す
　　　B：ざんねんですが、用事が　あります。
　　　　　　　　　　 ようじ

　　　　　1．旅行を　します　　　2．映画を　みます
　　　　　　 りょこう　　　　　　　　 えいが
　　　　　3．べんきょうを　します　4．本を　よみます
　　　　　　　　　　　　　　　　　　　 ほん
　　　　　5．すしを　たべます　　　6．かいものを　します

りょこう：trip

●**Drill 3**　Practice saying the following.

A　A：<u>デパート</u>へ　いきませんか。
　　　　　　 で ぱ ー と
　　　B：ええ、いいですね。いきましょう。

B　A：<u>デパート</u>へ　いきませんか。
　　　　　　 で ぱ ー と
　　　B：ざんねんですが、用事が　あります。
　　　　　　　　　　 ようじ

　　　　　1．レストラン　　　2．図書館
　　　　　　 れ す と ら ん　　　　 と しょかん
　　　　　3．公園　　　　　　4．コンサート
　　　　　　 こうえん　　　　　　 こ ん さ ー と
　　　　　5．プール
　　　　　　 ぷ ー る

こんさーと：concert

ぷーる：swimming pool

●**Drill 4**　Practice saying the following.

ex.午前、午後
　ごぜん　ごご
　　→午前は　いそがしいですが、午後は　だいじょうぶです。
　　　ごぜん　　　　　　　　　　　　ごご

　　1．あした、あさって　　　　2．今週、来週
　　　　　　　　　　　　　　　　　　こんしゅう　らいしゅう
　　3．月ようび、火ようび　　　4．土ようび、日ようび
　　　　げつ　　　か　　　　　　　　　ど　　　　にち
　　5．今月、来月　　　　　　　6．ことし、来年
　　　　こんげつ　らいげつ　　　　　　　　　らいねん

こんげつ: this month

ことし: this year

らいねん: next year

●**Drill 5**　Practice saying the following.

ex.1時、駅
　いちじ　えき
　　→1時に　駅で　あいませんか。
　　　いちじ　えき

　　1．3時、デパート　　　　　2．11時半、レストラン
　　　　さんじ　で ぱ ー と　　　　　じゅういちじ はん　　れ す と ら ん
　　3．1時、病院　　　　　　　4．10時、図書館
　　　　いちじ　びょういん　　　　　　じゅうじ　と しょかん
　　5．3時半、公園　　　　　　6．9時半、駅
　　　　さんじ はん　こうえん　　　　　く じ はん　えき

●**Short Dialogue 1**

A：あした　テニスを　しませんか。
　　　　　　て に す
B：ええ、いいですね。しましょう。
A：じゃ、1時に　駅で　あいませんか。
　　　　　いちじ　えき
B：ええ、いいですね。そう　しましょう。

　　1．映画を　みます　　　　　　7時
　　　　えいが　　　　　　　　　　しちじ
　　2．プールへ　いきます　　　　1時半
　　　　ぷ ー る　　　　　　　　　いちじ はん
　　3．図書館へ　いきます　　　　3時
　　　　と しょかん　　　　　　　　さんじ
　　4．すしを　たべます　　　　　6時半
　　　　　　　　　　　　　　　　　ろくじ はん
　　5．デパートへ　いきます　　　2時
　　　　で ぱ ー と　　　　　　　　にじ
　　6．かいものを　します　　　　5時半
　　　　　　　　　　　　　　　　　ごじ はん

Applied Conversation

You have been given the tickets shown below. Call some of your friends listed below, and ask them to go with you.

■**Tickets**

映画 えい が	レストラン れ す と ら ん	京都旅行 きょう と りょこう
Free for 2	Free for 2	Free for 2

■**Friends**

 山田　ひろし
やまだ

 小川　みちこ
お がわ

 木村　ようこ
き むら

 ジョン　スミス
じょん　す みす

Vocabulary

●**Dialogue**

もしもし	moshi-moshi	hello (in a telephone call)
おたく	otaku	residence
が	ga	but
ようこ	Yooko	(woman's name) Yoko
おねがいします	onegaishimasu	Can I talk to〜 (lit., Will you do me a favor?)
〜ませんか	〜masenka	shall we〜?
〜ましょう	〜mashoo	let's〜
どう	doo	how
ざんねん	zannen	regret
用事(ようじ)	yooji	something to do, an errand
あさって	asatte	the day after tomorrow
いそがしい	isogashii	busy
だいじょうぶ	daijoobu	all right
あいます	aimasu	meet ⟨dict. *au* (-u)⟩
そう	soo	so

●**Drill 2**

旅行(りょこう)	ryokoo	trip

●**Drill 3**

コンサート(こんさーと)	konsaato	concert
プール(ぷーる)	puuru	swimming pool

●**Drill 4**

今月(こんげつ)	kongetsu	this month
ことし	kotoshi	this year
来年(らいねん)	rainen	next year

●**Notes**

ごろ	goro	about
また	mata	again
かけます	kakemasu	(will) call ⟨dict. *kakeru* (-ru)⟩
しつれいしました	Shitsuree-shimashita	Good-bye (lit., I was so rude.)

●**Applied Conversation**

京都(きょうと)	Kyooto	Kyoto
ひろし	Hiroshi	(man's name) Hiroshi
小川(おがわ)	Ogawa	(a surname) Ogawa
みちこ	Michiko	(woman's name) Michiko

Notes

Conversations on the telephone

When a person whom you want to talk to is absent, the following conversation can be used. Practice the conversation below by reading it aloud.

スミス：もしもし、木村さんの　おたくですか。
木　村：はい、そうです。
スミス：スミスですが、ようこさん　おねがいします。
木　村：いま　いません。5時ごろ　かえります。
スミス：じゃ、また　かけます。しつれいしました。

ごろ：about

また：again

かけます：call

しつれいしました：Good-bye

Pronunciation Practice

A : Practice saying the following. Pay attention to the accent.

　　1．おしごと　　2．どようび　　3．かようび
　　4．あさって　　5．たてもの　　6．デパート

B : Add '-desu' to the words in A, and practice saying the resulting sentences.

　　ex.おしごとです。

C : Add 'wa doo-desu-ka' to the words in A, and practice saying the resulting sentences with a rising intonation.

　　ex.おしごとは　どうですか。↗

第8課
<ruby>だい<rt></rt></ruby> <ruby>はっ<rt></rt></ruby> <ruby>か<rt></rt></ruby>

LESSON 8

たいへんでした
Talking about Vacations

● Key Sentences ●

1. いそがしいです。

2. たのしかったです。

3. きれいな 山です。
   <ruby>やま<rt></rt></ruby>

4. いそがしくて たいへんでした。

Dialogue

(A TV reporter is asking people about their last summer vacation.)

レポーター：夏休みは どうでしたか。
れ ぽ ー た ー　なつやす

女 の 人：たのしかったですよ。
おんな　ひと

レポーター：何を しましたか。
れ ぽ ー た ー　なに

女 の 人：山のぼりを しました。
おんな　ひと　やま

レポーター：たいへんでしたか。
れ ぽ ー た ー

女 の 人：いいえ、あまり たいへんじゃ ありませんでした。
おんな　ひと

(The woman shows a picture to the reporter.)

　　　　　ああ、この 写真です。
　　　　　　　　　　しゃしん

レポーター：とても きれいな 山ですね。
れ ぽ ー た ー　　　　　　　　やま

レポーター：夏休みは どうでしたか。
れ ぽ ー た ー　なつやす

男 の 人：どこへも いきませんでした。
おとこ　ひと

レポーター：仕事ですか。

男の人：ええ。いそがしくて　たいへんでした。

レポーター：そうですか。ざんねんでしたね。いまも　いそがしいです

か。

男の人：いいえ、いまは　いそがしく　ありません。

Accent, Prominence, and Intonation

Translation

Taihen-deshita.

Repootaa : Natsuyasumi-wa doo-deshita-ka. ↗

Onna-no-hito : Tanoshikatta-desu-yo.

Repootaa : Nani-o shimashita-ka. ↗

Onna-no-hito : Yamanobori-o shimashita.

Repootaa : Taihen-deshita-ka ↗

Onna-no-hito : Iie, amari taihen-ja arimasen-deshita.
Aa, kono shashin-desu.

Repootaa : Totemo kireena yama-desu-ne.

Repootaa : Natsuyasumi-wa doo-deshita-ka. ↗

Otoko-no-hito : Doko-emo ikimasen-deshita.

Repootaa : Shigoto-desu-ka. ↗

Otoko-no-hito : Ee. Isogashikute taihen-deshita.

Repootaa : Soo-desu-ka. Zannen-deshita-ne. Ima-mo isogashii-desu-ka. ↗

Otoko-no-hito : Iie, ima-wa isogashiku arimasen.

It was tough.

Reporter : How was your summer vacation?

Woman : It was a lot of fun.

Reporter : What did you do?

Woman : I went mountain climbing.

Reporter : Was it difficult?

Woman : No, it wasn't too bad.
Here's a picture.

Reporter : Very beautiful mountain, isn't it?

Reporter : How was your summer vacation?

Man : I didn't go anywhere.

Reporter : Did you work?

Man : Yes. I was really busy. It was tough.

Reporter : Is that right? That's too bad. Are you still busy?

Man : No, I'm not busy right now.

Explanation

In this lesson you will learn how to talk about what things are like.

夏休みは どうでしたか。
なつやす

Natsuyasumi-wa doo-deshita-ka.

'Doo-deshita-ka' is used to ask a person about his impression of things. 'Doo' means 'how, what way.' '-Deshita' is the past form of '-desu.'

たのしかったですよ。／たいへんでしたか。

Tanoshikatta-desu-yo. ／Taihen-deshita-ka.

'Tanoshikatta-desu' is the past form of 'Tanoshii-desu.' 'Taihen-deshita' is the past form of 'Taihen-desu.' 'Tanoshii' and 'taihen' are both adjectives. There are two kinds of adjectives: ⟨-i adjectives⟩ and ⟨-na adjectives.⟩ ⟨-I adjectives⟩ end with -i, and ⟨-na adjectives⟩ end with -na when they come before nouns. 'Tanoshii' is an ⟨-i adjective⟩ and 'taihen' is a ⟨-na adjective.⟩ When ⟨-na adjectives⟩ are followed by '-desu' or '-deshita' the ending '-na' disappears. The past form of ⟨-i adjectives⟩ can be made by omitting the ending '-i' and adding 'katta-desu.' (See Notes.) '-Yo' at the end of a sentence is used to emphasize the speaker's assertion.

いいえ、あまり たいへんじゃ ありませんでした。

Iie, amari taihen-ja arimasen-deshita.

'Taihen-ja arimasen-deshita' is a negative form of 'taihen-deshita.' 'Taihen' is a ⟨-na adjective.⟩ A ⟨-na adjective⟩ plus '-desu' is changed into the negative form by replacing '-desu' with '-ja arimasen.'

いそがしくて たいへんでした。

Isogashikute taihen-deshita.

When an ⟨-i adjective⟩ is followed by another adjective, its '-i' ending changes into '-kute.'

ざんねんでしたね。

Zannen-deshita-ne.

'Zannen' is a ⟨-na adjective.⟩

いいえ、いまは いそがしく ありません。

Iie, ima-wa isogashiku arimasen.

'Isogashii' is an ⟨-i adjective.⟩ The negative form of an ⟨-i adjective⟩ plus '-desu' can be made by omitting '-i' and adding '-ku arimasen.' (See Notes.)

Drills and Short Dialogues

●Drill 1   Practice saying the following.

ex. あかい　りんご　→　この　りんごは　あかいです。

1．たかい　カメラ
2．大きい　かばん
3．あたらしい　さいふ
4．しろい　たてもの

りんご：apple

たかい：expensive

あたらしい：new

1.

2.
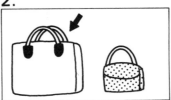

3.
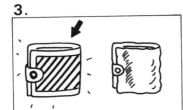

4.

●Drill 2   Practice saying the following.

ex. この　りんごは　あかいです。　→　この　りんごは　あかく　ありません。

1．この　カメラは　たかいです。
2．この　かばんは　大きいです。
3．この　さいふは　あたらしいです。
4．この　たてものは　しろいです。

●Drill 3   Practice saying the following.

ex. 山は　きれいです。　→　きれいな　山です。

1．まちは　にぎやかです。
2．まちは　しずかです。
3．仕事は　たいへんです。

まち：streets, town

にぎやか：lively

しずか：quiet

1.　　　**2.**　　　**3.**

●**Drill 4**　Practice saying the following.

きょうは　げんきです。きのうも　げんきでした。　　　げんき：well

　　1．たいへん　　2．にぎやか　　3．しずか

●**Drill 5**　Practice saying the following.

ex.まちは　にぎやかですか。

　　→いいえ、にぎやかじゃ　ありません。

　　1．仕事は　たいへんですか。
　　　しごと
　　2．まちは　しずかですか。
　　3．月ようびは　にぎやかですか。
　　　げつ

●**Drill 6**　Practice saying the following.

ex.いそがしいです。＋たいへんです。

　　→いそがしくて　たいへんです。

　　1．しろいです。＋きれいです。
　　2．やすいです。＋きれいです。
　　3．くろいです。＋ちいさいです。
　　4．はやいです。＋やすいです。　　　　　　　はやい：fast
　　5．あかいです。＋大きいです。
　　　　　　　　　　おお

●**Short Dialogue 1**

　　A：パーティーは　どうでしたか。　　　　ぱーてぃー：party
　　　　ぱーてぃー
　　B：おもしろかったですよ。　　　　　　おもしろい：interesting

　　1．旅行、たのしかった　　2．先週、いそがしかった
　　　りょこう　　　　　　　　せんしゅう
　　3．ハワイ、あつかった　　4．カナダ、さむかった　　はわい：Hawaii
　　　はわい　　　　　　　　　かなだ

●**Short Dialogue 2**

　　(B is looking at a picture.)

　　A：あっ、写真ですね。
　　　　　しゃしん
　　B：富士山です。先週　いきました。　　　ふじさん：Mt. Fuji
　　　ふじさん　　せんしゅう
　　A：どうでしたか。
　　B：とても　たいへんでした。

　　1．京都、しずか
　　　きょうと
　　2．ホンコン、にぎやか
　　　ほんこん
　　3．かぶき、きれい　　　　　　　　　　かぶき：Kabuki

Applied Conversation

Practice the following conversation.

（On the street.）

A：ひるごはんを　たべませんか。

B：そうですね。

A：あそこに　レストランが　ありますね。

B：ええ。……小さいですね。

A：でも、やすくて　おいしいですよ。

B：そうですか。じゃ、はいりましょう。

（In a restaurant.）

A：おいしいですね。

B：ええ、やすくて　おいしいですね。

ひるごはん：lunch

おいしい：delicious

はいりましょう：Let's enter.
　はいる：enter 〈dict. form (-u)〉

Vocabulary

●Dialogue

レポーター（れぽーたー）	repootaa	reporter
夏休（なつやす）み	natsuyasumi	summer vacation
たのしい	tanoshii	enjoyable, fun
～よ	~yo	(See Explanation.)
山（やま）のぼり	yamanobori	mountain climbing
たいへん（な）	taihen(na)	hard, tough
あまり	amari	(not) much
写真（しゃしん）	shashin	picture, photo
とても	totemo	very
きれい（な）	kiree(na)	beautiful
山（やま）	yama	mountain
男（おとこ）の人（ひと）	otoko-no-hito	man
ざんねん（な）	zannen(na)	too bad
～も	~mo	～, too

●Drill 1

りんご	ringo	apple
たかい	takai	expensive
あたらしい	atarashii	new

●Drill 3

まち	machi	streets, town
にぎやか（な）	nigiyaka(na)	lively
しずか（な）	shizuka(na)	quiet

●Drill 4

げんき（な）	genki(na)	well

●Drill 6

はやい	hayai	fast
パーティー（ぱーてぃー）	paatii	party
おもしろい	omoshiroi	interesting
ハワイ（はわい）	Hawai	Hawaii

●Short Dialogue 2

富士山（ふじさん）	Fujisan	Mt. Fuji
かぶき	kabuki	Kabuki

●Applied Conversation

ひるごはん	hirugohan	lunch
おいしい	oishii	delicious
はいりましょう	Hairimashoo	Let's enter.
はいる	hairu	enter ‹dict. form (-u)›

Notes

Forms of ⟨-*i* adjectives⟩ and ⟨-*na* adjectives⟩

	⟨-*i* adjective⟩	⟨-*na* adjective⟩
	あつい 夏休み (hot summer vacation)	きれいな 山 (beautiful mountain)
Present affirmative	夏休みは あついです。 (Summer vacation is hot.)	あの 山は きれいです。 (That mountain is beautiful.)
Past affirmative	夏休みは あつかったです。 (Summer vacation was hot.)	あの 山は きれいでした。 (That mountain was beautiful.)
Present negative	夏休みは あつく ありません。 (Summer vacation is not hot.)	あの 山は きれいじゃ ありません。 (That mountain is not beautiful.)
Past negative	夏休みは あつく ありませんでした。 (Summer vacation was not hot.)	あの 山は きれいじゃ ありませんでした。 (That mountain was not beautiful.)

Pronunciation Practice

A : Practice saying the following words. Pay attention to the accent.
   1. にちようび   2. やまのぼり   3. なつやすみ
   4. ひるごはん   5. げつようび

B : Add '-*desu*' to the words in A and practice saying each phrase.
   ex. にちようびです。

C : Add '-*desu-ka*' to the words in A and practice saying the sentences with a falling intonation.
   ex. ああ、そうですか。↘ にちようびですか。↘

◀Quiz▶

(LESSONS 5-8)

1. Look at the pictures below. Make sentences based on the example.

ex. 7時に おきます。
　　しちじ

①

②

③

④

⑤

2. Fill in each blank with the appropriate words.

① A：田中さんは　あさ _____ おきますか。
　　　たなか
　B：6時__ おきます。
　　　ろくじ

② A：あしたは _____ しますか。
　B：テニス__ します。
　　　てにす
　A：_____ しますか。
　B：公園__ します。
　　　こうえん

③ A：きのう _____ いきましたか。
　B：はい。図書館__ いきました。
　　　　　としょかん

④ A：パーティーは _____ でしたか。
　　　ぱーてぃー
　B：たのしかったです。

80

3. Look at the pictures below and answer the following questions.

Wed.   Thur.   Fri. ↓きょう   Sat.   Sun. ↓やすみ

① あしたは　なにを　しますか。

② こんどの　やすみは　なにを　しますか。

③ きのうは　テレビを　みましたか。　なにを　しましたか。

4. Look at the pictures and fill in each blank with appropriate words.

① この　かばんは _____。

② この　カメラは　あたらしいですか。

　　いいえ、_____。

③ まちは　にぎやかですか。

　　いいえ、_____

④ ハワイは　どうでしたか。

　　_____。

⑤ 仕事は　たいへんでしたか。

　　いいえ、_____。

5. Express the following in Japanese.

① It's a nice day, isn't it?

② Would you like to play tennis with me?

　　That sounds good. Yes, let's.

③ What will you do on your next day off?

　　I don't know yet.

④ I didn't go anywhere.

第9課
だい きゅう か

LESSON 9

パスポートを　みせてください
ぱ す ぼ ー と

Buying Traveler's Checks

● Key Sentences ●

1. ふうとうに　いれましょうか。
2. いれてください。
3. すてないでください。
4. 現金で　はらいます。
げんきん

Dialogue

(At a bank.)

スミス：トラベラーズチェックを　おねがいします。
す み す　　と ら べ ら ー ず ち ぇ っ く

店　員：ここに　名前を　かいてください。
てん　いん　　　　　な まえ

スミス：はい。
す み す

店　員：すみませんが、パスポートを　みせてください。
てん　いん　　　　　　　　　ぱ す ぼ ー と

スミス：ちょっと　まってください。どうぞ。
す み す

店　員：ありがとうございます。何で　はらいますか。
てん　いん　　　　　　　　　　　　なに

スミス：現金で　はらいます。
す み す　げんきん

(A little later.)

店　員：スミスさん。どうぞ。
てん　いん　す み す

スミス：はい。
す み す

店　員：この　紙は　たいせつです。すてないでください。
てん　いん　　　かみ

スミス：はい、わかりました。
す み す

店　員：トラベラーズチェックを　ふうとうに　いれましょうか。

スミス：はい、いれてください。

店　員：ありがとうございました。

Accent, Prominence, and Intonation

Pasupooto-o misete-kudasai.

Sumisu : Toraberaazu-chekku-o onegai-shimasu.

Ten'in : Koko-ni **namae-o** kaite-kudasai.

Sumisu : Hai.

Ten'in : Sumimasen-ga, pasupooto-o misete-kudasai.

Sumisu : **Chotto** matte-kudasai. Doozo.

Ten'in : Arigatoo-gozaimasu. **Nani-de** haraimasu-ka. ♪

Sumisu : **Genkin-de** haraimasu.

Ten'in : Sumisu-san. Doozo.

Sumisu : Hai.

Ten'in : Kono kami-wa **taisetsu-desu.** Sutenaide-kudasai.

Sumisu : Hai, wakarimashita.

Ten'in : Toraberaazu-chekku-o **fuutoo-ni** iremashoo-ka. ♪

Sumisu : Hai, irete-kudasai.

Ten'in : Arigatoo-gozaimashita.

Translation

Please show me your passport.

Smith : I'd like some traveler's checks, please.

Clerk : Please write your name here.

Smith : OK.

Clerk : Excuse me, but could you please show me your passport?

Smith : Just a minute. Here you are.

Clerk : Thank you. How would you like to pay for them?

Smith : By cash.

Clerk : Mr. Smith. Here you are.

Smith : Thank you.

Clerk : This paper is important. Please don't throw it away.

Smith : OK.

Clerk : Shall I put the traveler's checks into an envelope for you?

Smith : Yes, please.

Clerk : Thank you very much.

Explanation

In this lesson you will learn the ⟨-*te* form⟩ and ⟨-*nai* form⟩ of verbs.

トラベラーズチェックを おねがいします。

Toraberaazu-chekku-o onegai-shimasu.

When you want to attract someone's attention, to ask for help, or request something, '*onegai-shimasu*' is used without a verb.

ここに 名前を かいてください。

Koko-ni namae-o kaite-kudasai.

'-*Kudasai*' is used to give instructions or to ask for assistance. Here, it is used to tell someone to do something in a fairly direct way.

すみませんが、パスポートを みせてください。

Sumimasen-ga, pasupooto-o misete-kudasai.

Instructions and requests are made more polite by adding '*sumimasen-ga.*'

ちょっと まってください。どうぞ。

Chotto matte-kudasai. Doozo.

In here, '*doozo*' is used as "Here you are." By not saying the rest of the sentence, the speaker makes a statement in a reserved and polite way.

ありがとうございます。何で はらいますか。

Arigatoo-gozaimasu. Nani-de haraimasu-ka.

The particle '-*de*' is used to ask, 'by what means,' in this sentence.

この 紙は たいせつです。すてないでください。

Kono kami-wa taisetsu-desu. Sutenaide-kudasai.

The ⟨-*nai* form⟩ is the plain negative form. '-*Naide-kudasai*' is formed by adding '-*de-kudasai*' to the end of a verb in the ⟨-*nai* form.⟩ '-*Naide-kudasai*' is used to express a negative order or negative instruction.

トラベラーズチェックを ふうとうに いれましょうか。

Toraberaazu-chekku-o fuutoo-ni iremashoo-ka.

'-*Mashooka*' is used when you are offering to do something for someone, mostly when you are fairly confident that your offer will be accepted.

ありがとうございました。

Arigatoo-gozaimashita.

Here, '*arigatoo-gozaimashita*' is used to mean "Thank you for coming."

Drills and Short Dialogues

●Drill 1　Practice saying the following.

〈dict. form〉		〈-*masu* form〉		〈-*mashoo-ka*〉
いれる	→	いれます	→	いれましょうか
あける	→	あけます	→	あけましょうか
みる	→	みます	→	みましょうか
かく	→	かきます	→	かきましょうか
する	→	します	→	しましょうか
くる	→	きます	→	きましょうか

あける：open

くる：come

●Drill 2　Practice saying the following.

ex. ふうとうに　いれる　→　ふうとうに　いれましょうか

1. まどを　あける　　2. そうじを　する
3. テレビを　みる
　　てれび

まど：window

●Drill 3　Practice saying the following.

〈dict. form〉		〈-*masu* form〉		〈-*te-kudasai*〉
おきる	→	おきます	→	おきてください
はらう	→	はらいます	→	はらってください
いそぐ	→	いそぎます	→	いそいでください
のむ	→	のみます	→	のんでください
とる	→	とります	→	とってください
する	→	します	→	してください
くる	→	きます	→	きてください

いそぐ：hurry

とる：take

●Drill 4　Practice saying the following.

ex. 名前を　かく→名前を　かいてください。
　　なまえ　　　　　なまえ

1. お金を　はらう　　2. いそぐ
　　かね
3. 6時に　おきる　　4. うちへ　くる
　　ろくじ
5. そうじを　する　　6. おちゃを　のむ

●**Drill 5**　Practice saying the following.

    〈dict. form〉 〈-*masu* form〉 〈-*naide-kudasai*〉

    あける → あけます → あけないでください

    のむ → のみます → のまないでください

    とる → とります → とらないでください

    はなす → はなします → はなさないでください はなす：speak

    よぶ → よびます → よばないでください よぶ：call

    する → します → しないでください

    くる → きます → こないでください

●**Drill 6**　Practice saying the following.

  ex.名前を　かく　→名前を　かかないでください。

   1．まどを　あける 2．写真を　とる

   3．英語を　はなす 4．おさけを　のむ

●**Short Dialogue 1**

  A：まどを　あけましょうか。

  B：いいえ、まだ　あけないでください。

   あとで　あけてください。 あとで：later

   1．そうじを　する 2．写真を　とる

   3．名前を　かく   4．みんなを　よぶ みんな：everyone

   5．ふうとうに　いれる

Applied Conversation

Look at the pictures below. Fill in the blanks in the conversations that follow.

男の人： _____ ましょうか。
おとこ　ひと

男の人： _____ てください。
おとこ　ひと
女の人： はい。どうぞ。
おんな　ひと

女の人： ここに _____ てください。
おんな　ひと

男の人： _____ ましょうか。
おとこ　ひと
女の人： いいえ、_____。
おんな　ひと

Vocabulary

●Dialogue

トラベラーズチェック （とらべらーずちぇっく）	toraberaazu-chekku	traveler's checks
～てください	～te-kudasai	please～
パスポート（ぱすぽーと）	pasupooto	passport
みせてください	misete-kudasai	please show me
みせる	miseru	show ⟨dict. form (-ru)⟩
かいてください	kaite-kudasai	please write
かく	kaku	write ⟨dict. form (-u)⟩
ちょっと	chotto	a little
まってください	matte-kudasai	please wait, just a moment
まつ	matsu	wait ⟨dict. form (-u)⟩
どうぞ	doozo	here you are (lit., please)
で（何（なに）で）	de	by
はらいます	haraimasu	pay ⟨dict. harau (-u)⟩

現金(げんきん)	genkin	cash
紙(かみ)	kami	paper
たいせつ(な)	taisetsu(na)	important
すてないでください	sutenaide-kudasai	Please do not throw it away.
すてる	suteru	throw away 〈dict. form (-ru)〉
～ないでください	～naide kudasai	please do not～
ふうとう	fuutoo	envelope
いれましょうか	iremashooka	Shall I put into～
いれる	ireru	put into 〈dict. form (-ru)〉
ありがとうございました	Arigatoo-gozaimashita	Thank you very much.
●Drill 1		
あける	akeru	open 〈dict.form (-ru)〉
くる	kuru	come 〈dict. form (irregular)〉
●Drill 2		
まど	mado	window
●Drill 3		
いそぐ	isogu	hurry 〈dict. form (-u)〉
とる	toru	take 〈dict. form (-u)〉
●Drill 5		
はなす	hanasu	speak 〈dict. form (-u)〉
よぶ	yobu	call 〈dict. form (-u)〉
●Short Dialogue		
まだ	mada	(not) yet, still
あとで	ato-de	later
みんな	minna	everyone
●Notes		
しぬ	shinu	die 〈dict. form (-u)〉

Notes

1． The 〈-te form〉 of verbs

The 〈-te form〉 of verbs are formed in the following way.

(1) Group 1 verbs (-u verbs)

〈dict. form〉	〈-te form〉	examples
～ru ～tsu ～u	-tte	hajimaru (start)→hajimatte matsu(wait)→matte harau(pay)→haratte
～su	-shite	hanasu(speak)→hanashite
～ku	-ite	kaku(write)→kaite 〈exception iku(go)→itte〉
～gu	-ide	isogu(hurry)→isoide
～mu ～nu ～bu	-nde	nomu(drink)→nonde shinu(die)→shinde yobu(call)→yonde

(2) Group 2 verbs (-*ru* verbs)

⟨dict. form⟩	⟨-*te* form⟩	examples
-*ru*	-*te*	*akeru*(open)→*akete* *miru*(see)→*mite*

(3) Group 3 verbs (irregular verbs)
　　suru→*shite, kuru*→*kite*

2. The ⟨-*nai* form⟩ of verbs

The ⟨-*nai* form⟩ (plain negative form) of verbs is formed in the following way.

(1) Group 1 verbs (-*u* verbs)

⟨dict. form⟩	⟨-*nai* form⟩	examples
-*u*	-*anai*	*kaku*(write)→*kakanai*
-(vowel)*u*	-*wanai*	*harau*(pay)→*harawanai*
-*tsu*	-*tanai*	*matsu*(wait)→*matanai*

(2) Group 2 verbs (-*ru* verbs)

⟨dict. form⟩	⟨-*nai* form⟩	examples
-*ru*	-*nai*	*taberu*(eat)→*tabenai* *okiru*(get up)→*okinai*

(3) Group 3 verbs (irregular verbs)
　　suru→*shinai, kuru*→*konai*

Pronunciation Practice

CD2
16

A. Practice saying the following. Pay attention to the accent.

　　1．カメラ　　2．えいが　　3．てんき
　　　　かめら
　　4．プール　　5．テニス　　6．げんき
　　　　ぷーる　　　てにす

B. Add '-*desu*' to the words in A, and practice saying each phrase.

　　ex. カメラです。
　　　　かめら

C. Add '*ii*' and '-*desu-ne*' to the words 1-4 in A, and practice saying each sentence with a

falling intonation.

　　ex. いい　カメラですね。↘
　　　　　　　かめら

第10課
だい　じっ　か

LESSON 10

あそこで　電話を　かけています
でん　わ

Talking about Family Members

● Key Sentences ●

1. 電話を　かけています。
でんわ

2. アメリカへ　いっています。
あ め り か

3. ごしゅじんは？

4. 会社に　つとめています。
かいしゃ

Dialogue

(On the street.)

山 田：スミスさん、ひさしぶりですね。
やま だ　す み す

スミス：ああ、山田さん、おげんきですか。
す み す　　　　　やまだ

山 田：ええ、おかげさまで。スミスさんは　まだ　大学ですか。
やま だ　　　　　　　　　　　す み す　　　　　　　だいがく

スミス：ええ、大学で　日本文学を　勉強しています。
す み す　　　だいがく　に ほんぶんがく　べんきょう

山 田：いいですね。
やま だ

スミス：ごしゅじんは。
す み す

山 田：あそこで　電話を　かけています。
やま だ　　　　　　でんわ

スミス：ああ、そうですか。むすこさんは。
す み す

山 田：アメリカへ　いっています。
やま だ　あ め り か

スミス：アメリカの　どちらですか。
す み す　あ め り か

山 田：ロサンゼルスです。
やま だ　ろ さ んぜ る す

スミス：お仕事ですか。
す み す　　し ごと

90

山田：ええ、コンピューターの　会社に　つとめています。

スミス：そうですか。むすめさんは。

山田：きょねん　結婚しました。

スミス：そうですか。おめでとうございます。

Accent, Prominence, and Intonation

Asoko-de denwa-o kakete-imasu.

Yamada : Sumisu-san, hisashiburi-desu-ne.

Sumisu : Aa, Yamada-san, ogenki-desu-ka.↗

Yamada : Ee, okagesama-de. Sumisu-san-wa mada **daigaku-desu-ka**.↗

Sumisu : Ee, daigaku-de **Nihon-bungaku-o** benkyoo-shite-imasu.

Yamada : Ii-desu-ne.

Sumisu : Goshujin-wa.↗

Yamada : Asoko-de **denwa-o** kakete-imasu.

Sumisu : Aa soo-desu-ka. Musuko-san-wa.↗

Yamada : **Amerika-e** itte-imasu.

Sumisu : Amerika-no **dochira**-desu-ka.↗

Yamada : Rosanzerusu-desu.

Sumisu : Oshigoto-desu-ka.↗

Yamada : Ee, **konpyuutaa-no kaisha-ni** tsutomete-imasu.

Sumisu : Soo-desu-ka. Musume-san-wa.↗

Yamada : Kyonen **kekkon-shimashita**.

Sumisu : Soo-desu-ka. Omedetoo-gozaimasu.

Translation

He's making a phone call over there.

Yamada : Mr. Smith, it's been a long time.

Smith : Oh, Mrs. Yamada, how are you?

Yamada : Fine, thank you. Mr. Smith, are you still studying at the university?

Smith : Yes, I'm studying Japanese literature there.

Yamada : That's good.

Smith : How is your husband?

Yamada : He's making a phone call over there.

Smith : Oh, yes, he is. How is your son?

Yamada : He is in U.S.

Smith : Where in U.S.?

Yamada : Los Angeles.

Smith : Is he working?

Yamada : Yes, he works for a computer company.

Smith : Is that so? How is your daughter?

Yamada : She got married last year.

Smith : Really? Congratulations!

Explanation

In this lesson you will learn how to describe an action in progress and indicate a state or condition. You will also learn some family terms.

ひさしぶりですね。

Hisashiburi-desu-ne.

'*Hisashiburi*' means 'it's been a long time.' '*Hisashiburi-desu-ne*' is a common expression when you meet someone after a long time.

おかげさまで。

Okagesama-de.

'*Okagesama-de*' is used to reply to an inquiry about your health or well-being. It literally means 'thanks to everything that has helped me.'

日本文学を 勉強しています。
に ほんぶんがく べんきょう

Nihon-bungaku-o benkyoo-shite-imasu.

'*Nihon-bungaku*' means 'Japanese literature.'

'*-O benkyoo-shite-imasu*' means 'I'm studying. . . .' The '*-te*' form plus '*-imasu*,' as in '*benkyoo-shite-imasu*,' shows that the action is now in progress.

ごしゅじんは。

Go-shujin-wa.

'*Go-shujin*' means '(your) husband.' '*Go-*'is a polite prefix. Some nouns take the polite prefix '*go-*' instead of '*o-*.' See Notes concerning family terms.

あそこで 電話を かけています。
でん わ

Asoko-de denwa-o kakete-imasu.

'*Denwa-o kakete-imasu*' means '(he's) making a phone call.'

アメリカへ いっています。
あ め り か

Amerika-e itte-imasu.

'*Amerika-e itte-imasu*' means '(He) is in U.S.' The '*-te-imasu*' form sometimes indicates a state or condition resulting from completion of an action, rather than an action in progress. '*Itte*' is derived from '*iku*,' 'to go,' and '*itte-imasu*' means that someone has gone to some place and is still there.

Drills and Short Dialogues

● **Drill 1**　Practice saying the following.

かく	→ かきます	→ かいています
いく	→ いきます	→ いっています
はなす	→ はなします	→ はなしています
かう	→ かいます	→ かっています
もつ	→ もちます	→ もっています
よむ	→ よみます	→ よんでいます
あそぶ	→ あそびます	→ あそんでいます
みる	→ みます	→ みています
つとめる	→ つとめます	→ つとめています
する	→ します	→ しています

かう：buy
もつ：have

あそぶ：play

● **Drill 2**　Practice saying the following.

ex. テレビを　みます。→テレビを　みています。
1．ハンバーガーを　かいます。
2．電話を　かけます。
3．本を　よみます。
4．そうじを　します。
5．公園で　あそびます。
6．銀行に　つとめます。

はんばーがー：ham-
burger

● **Drill 3**　Look at the pictures below, and describe what is happening
in each of them. Follow the example.

ex. 本を　よんでいます。

ex.

1

2

3

4

5

● **Drill 4**　Practice saying the following.

ex. 銀行→銀行に　つとめています。
　　ぎんこう　ぎんこう

　　　1．会社　　　2．郵便局　　　3．病院
　　　　かいしゃ　　　　ゆうびんきょく　　　　びょういん
　　　4．学校　　　5．図書館
　　　　がっこう　　　　としょかん

● **Drill 5**　Practice saying the following.

　　　1．1人　　2．2人　　3．3人　　4．4人
　　　　ひとり　　　ふたり　　　さんにん　　　よにん
　　　5．5人　　6．6人　　7．7人　or　7人
　　　　ごにん　　　ろくにん　　　しちにん　　　ななにん
　　　8．8人　　9．9人　or　9人　　10．10人
　　　　はちにん　　　きゅうにん　　くにん　　　じゅうにん

Counting system

ひとり：one person

ふたり：two persons

● **Short Dialogue 1**　Practice talking about the pictures in Drill 3.

ex. A：いま、何を　していますか。
　　　　　なに
　　B：本を　よんでいます。
　　　　ほん

● **Short Dialogue 2**

A：B さん、いま　どこに　つとめていますか。

B：図書館に　つとめています。　A さんは。
　　としょかん

A：病院に　つとめています。
　　びょういん

B：いそがしいですか。

A：ええ。

　　　1．学校　　　　　　デパート
　　　　がっこう　　　　　でぱーと
　　　2．レストラン　　　銀行
　　　　れすとらん　　　　ぎんこう
　　　3．郵便局　　　　　大学
　　　　ゆうびんきょく　　だいがく

● **Short Dialogue 3**

A：ごしゅじんは　おげんきですか。

B：ええ、おかげさまで　げんきです。

　　　1．おくさん　　2．むすこさん　　3．むすめさん

おくさん：wife

● **Short Dialogue 4**

A：こどもさんは　何人ですか。
　　　　　　　　なんにん

B：2人です。
　　ふたり
　　　1．むすこさん、1人　　2．むすめさん、2人
　　　　　　　　　　ひとり　　　　　　　　　　ふたり

こどもさん：your
　　child(ren)

Applied Conversation

A　These are pictures of Mrs. Kimura's and Mr. Ogawa's family members.
Talk about them with your partner.

　　ex.　A：木村さんの　かぞくは　何人ですか。
　　　　　　きむら　　　　　　　　　なんにん
　　　　B：5人です。
　　　　　　ごにん

かぞく：family

B　Bring photographs of members of your family to class, and talk about
them with your partner. (See Notes.)

　　ex.　A：おとうさんですか。

　　　　B：ええ、そうです。

　　　　A：おとうさんの　お仕事は。
　　　　　　　　　　　　　　しごと
　　　　B：銀行に　つとめています。
　　　　　　ぎんこう

Vocabulary

●Dialogue

電話（でんわ）	denwa	phone
ひさしぶり	hisashiburi	It's been a long time
おげんきですか	Ogenki-desuka	How are you ?
おかげさまで	okagesama-de	Thank you.
大学（だいがく）	daigaku	university
日本文学（にほんぶんがく）	Nihon-bungaku	Japanese literature
勉強（べんきょう）しています	benkyoo-shite-imasu	be studying
勉強する	benkyoo-suru	study ⟨dict.form (irregular)⟩
～ています	～te-imasu	(See Explanation.)
いいですね	Iidesu-ne	That's good.
ご～	go～	(See Explanation.)
しゅじん	shujin	husband
むすこ	musuko	son
ロサンゼルス（ろさんぜるす）	Rosanzerusu	Los Angeles
コンピューター（こんぴゅーたー）	konpyuutaa	computer
会社（かいしゃ）	kaisha	company
～に　つとめています	～ni tsutomete-imasu	work for～
つとめる	tsutomeru	work for ⟨dict. form (-ru)⟩
むすめ	musume	daughter
きょねん	kyonen	last year
結婚（けっこん）します	kekkon-shimasu	marry ⟨dict. *kekkon-suru* (irregular)⟩
おめでとうございます	Omedetoo-gozaimasu	Congratulations.

●Drill 1

かう	kau	buy ⟨dict. form (-u)⟩
もつ	motsu	have ⟨dict. form (-u)⟩
あそぶ	asobu	play ⟨dict. form (-u)⟩

●Drill 2

ハンバーガー（はんばーがー）	hanbaagaa	hamburger

●Drill 5

(Family terms)		(See Notes.)

●Drill 6

1人（ひとり）	hitori	one person
2人（ふたり）	futari	two persons
3人（さんにん）	sannin	three persons
4人（よにん）	yonin	four persons
5人（ごにん）	gonin	five persons
6人（ろくにん）	rokunin	six persons
7人（しちにん）/7人（ななにん）	shichinin／nananin	seven persons
8人（はちにん）	hachinin	eight persons
9人（くにん）/9人（きゅうにん）	kunin／kyuunin	nine persons
10人（じゅうにん）	juunin	ten persons

●Short Dialogue 3

おくさん	okusan	wife

●Short Dialogue 4

こどもさん	kodomo-san	your child(ren)
何人（なんにん）	nannin	how many people

●Applied Conversation

かぞく	kazoku	family

Talking about Family Members

Notes

Family terms

The following is a list of words for family members. When talking about your own family members to an outsider, use the plain terms. When talking about others' families, use the polite terms.

	plain		polite	
father	ちち	*chichi*	おとうさん	*otoosan*
mother	はは	*haha*	おかあさん	*okaasan*
husband	しゅじん	*shujin*	ごしゅじん	*go-shujin*
wife	かない	*kanai*	おくさん	*okusan*
child(ren)	こども	*kodomo*	こどもさん	*kodomo-san*
elder brother	あに	*ani*	おにいさん	*oniisan*
younger brother	おとうと	*otooto*	おとうとさん	*otooto-san*
elder sister	あね	*ane*	おねえさん	*onee-san*
younger sister	いもうと	*imooto*	いもうとさん	*imooto-san*
son	むすこ	*musuko*	むすこさん	*musuko-san*
daughter	むすめ	*musume*	むすめさん	*musume-san*

Pronunciation Practice

A. Practice saying the following. Pay attention to the "ん" sound.

　１．ほん　　２．かばん　　３．しゃしん　　４．ひるごはん　　５．こうえん

B. Practice saying the following.

　１．ほんを　よみました。
　２．かばんを　かいました
　３．しゃしんを　とりました。
　４．ひるごはんを　たべました。
　５．こうえんへ　いきました。

第11課
だい　じゅういっ　か

LESSON 11

だいじょうぶだと　おもいます
Saying that Someone Is All Right

● Key Sentences ●

1. おそく　なると　おもいます。
2. 病院へ　行くと　いっていました。
びょういん　い
3. あのう、この　書類の　ことですが……。
しょるい
4. ああ、チンさんのですね。
ちん

Dialogue

(Mr. Kimura visits Ms. Chen's section to ask her about some documents. Mr. Smith and Mr. Yamada work in the same section as Ms. Chen.)

木村：木村ですが、チンさんは　いますか。
きむら　きむら　ちん

スミス：いま　いませんが……。
すみす

木村：そうですか。いつ　もどりますか。
きむら

スミス：おそく　なると　おもいますよ。病院へ　行くと　いっていま
すみす　びょういん　い
したから。

木村：病気ですか。
きむら　びょうき

スミス：だいじょうぶだと　おもいます。ひるごはんを　たくさん　食べ
すみす　た
ていましたから。

木村：そうですか。でも、おそく　なりますね。
きむら

スミス：ええ……。木村さん、どうか　しましたか。
すみす　きむら

木村：あのう、この　書類の　ことですが……。
きむら　しょるい

98

スミス：ああ、チンさんのですね。山田さんに きいてください。よく
しっていると おもいます。

Accent, Prominence, and Intonation

Daijoobu-da-to omoimasu.

Kimura : Kimura-desu-ga, Chin-san-wa imasu-ka.↗

Sumisu : Ima imasen-ga. . . .

Kimura : Soo-desu-ka. Itsu modorimasu-ka.↗

Sumisu : **Osoku** naru-to omoimasu-yo. **Byooin-e** iku-to itte-imashita-kara.

Kimura : Byooki-desu-ka.↗

Sumisu : **Daijoobu-da-to** omoimasu. Hiru-gohan-o **takusan** tabete-imashita-kara.

Kimura : Soo-desu-ka. Demo, **osoku** narimasu-ne.↗

Sumisu : Ee. . . , Kimura-san, **doo-ka** shimashita-ka.↗

Kimura : Anoo, **kono** shorui-no koto-desu-ga. . . .

Sumisu : Aa. **Chin-san-no**-desu-ne. **Yamada-san-ni** kiite-kudasai. **Yoku** shitte-iru-to omoimasu-yo.

Translation

I think she's all right.

Kimura : I'm Kimura. Is Ms. Chen here?

Smith : She is out for the moment. . . .

Kimura : I see. When will she be back?

Smith : I think she'll be late. She said she was going to the hospital.

Kimura : Is she sick?

Smith : I think she's all right. Because she had a large lunch.

Kimura : I see. But she'll be late, then.

Smith : Yeah . . . , Mr. Kimura, is something wrong?

Kimura : Well . . . , it's concerning these documents . . . .

Smith : Oh, Ms. Chen's! You should ask Mr. Yamada. I think he knows a lot about it.

LESSON 11

Explanation

In this lesson you will learn the plain form of verbs, adjectives, and nouns. By adding the quotative marker '-to' to the ⟨plain form⟩, you can quote another person's utterance or express your opinions or expectations. Additionally, you will learn to form continuous expressions using '-ga.'

木村ですが、チンさんは　いますか。いま　いませんが……。あのう、この　書類の　ことですが……。

Kimura-desu-ga, Chin-san-wa imasu-ka. Ima imasen-ga.... Anoo, kono shorui-no koto-desu-ga....

'-Ga' in 'Kimura-desu-ga' has no particular meaning, but it is used to combine the introduction and main part of the sentence. Without using '-ga' at the end of an expression like 'ima imasen' would sound abrupt in this situation. This usage of '-ga' adds continuity to the sentence and it is quite commonly used by adult speakers of Japanese.

おそく　なると　おもいますよ。

Osoku naru-to omoimasu-yo.

'Naru' is the ⟨plain form⟩ of the verb meaning 'become.' 'Osoku' is a variation of the adjective 'osoi,' which means 'late.' 'Omoimasu(⟨dict. form omoo⟩)' means 'think.' 'To' is a quotative marker. Therefore, '...to omoimasu' means 'I think that....'

病院へ　行くと　いっていましたから。

Byooin-e iku-to itte-imashita-kara.

'...To itte-imashita' is the past progressive form of the ⟨dict. form yuu/iu⟩, and it means 'she was saying that....' '...Kara' is used to give the reason for something. It is a little bit like the English word 'because,' but follows rather than precedes a phrase stating a reason for something.

どうか　しましたか。

Doo-ka shimashita-ka.

It is used in the same situation as 'Is something wrong?'

ああ　チンさんのですね。

Aa, Chin-san-no-desu-ne.

Since they are talking about particular documents ('shorui') which are known to both the speaker and the listener, Smith says only, 'Chin-san-no,' rather than 'Chin-san-no shorui.'

よく　しっていると　おもいます。

Yoku shitte-iru-to omoimasu.

'Shitte-iru' is the progressive form of the ⟨dict. form shiru⟩, which means 'know.' 'Shiru' is commonly used in the form 'shitte-iru' or 'shitte-imasu' in affirmative sentences and questions, but appears as 'shiranai' or 'shirimasen' in negative sentences.

Drills and Short Dialogues

●**Drill 1**　Practice saying the 〈plain form〉.

〈**polite form**〉 → 〈**plain form**〉

A）Nouns and 〈-*na* adjectives〉, present

これです→これだ　　これじゃ　ありません→これじゃ　ない

きれいです→きれいだ　きれいじゃ　ありません→きれいじゃ　ない

Nouns and 〈-*na* adjectives〉, past

これでした→これだった　　これじゃ　ありませんでした→これじゃ　なかった

きれいでした→きれいだった

きれいじゃ　ありませんでした→きれいじゃ　なかった

B）〈-*I* adjectives〉, present

やすいです→やすい　　やすく　ありません→やすく　ない

いいです→いい　　　よく　ありません→よく　ない

〈-*I* adjectives〉, past

やすかったです→やすかった　　やすく　ありませんでした→やすく　なかった

よかったです→よかった　　　よく　ありませんでした→よく　なかった

C）Verbs, present

group 1 (-*u* verbs)

かきます→かく　　　　かきません→かかない

わかります→わかる　　わかりません→わからない

group 2 (-*ru* verbs)

たべます→たべる　　たべません→たべない

group 3 (irregular verbs)

します→する　　しません→しない

きます→くる　　きません→こない

Verbs, past

group 1 (-*u* verbs)

かきました→かいた　　　　かきませんでした→かかなかった

わかりました→わかった　　わかりませんでした→わからなかった

group 2 (-*ru* verbs)

たべました→たべた　　たべませんでした→たべなかった

group 3 (irregular verbs)

しました→した　　しませんでした→しなかった

きました→きた　　きませんでした→こなかった

'-*te-imasu*'

かいています→かいている　　　かいていません→かいていない

かいていました→かいていた　　かいていませんでした→かいていなかった

101

●**Drill 2**　Practice saying the following.

　　A　ex. これ→これだ・これじゃ　ない・これだった・
　　　　　　これじゃ　なかった

　　　　1．日ようび　　　2．8時ごろ　　　3．そう
　　　　4．この　書類　　5．わたし　　　6．たいへん
　　　　7．げんき　　　　8．にぎやか

　　B　ex. やすい→やすい・やすく　ない・やすかった・
　　　　　　やすく　なかった

　　　　1．たかい　　　　2．さむい　　　3．ながい　　　ながい：long
　　　　4．みじかい　　　5．たのしい　　6．おもしろい　　みじかい：short
　　　　7．いそがしい　　8．あたらしい

　　C　ex. かく→かく・かかない・かいた・かかなかった・かいて
　　　　　　いる

　　　　1．行く　　2．まつ　　3．もつ
　　　　4．のむ　　5．みせる　6．つとめる
　　　　7．仕事を　する　　　8．学校へ　くる

●**Drill 3**　Practice saying the following.

　　ex. これです。→これだと　おもいます。

　　　　1．その　書類です。　　　2．きれいでした。
　　　　3．もっと　たかいです。　4．かえります。
　　　　5．勉強しません。　　　　6．食べました。

●**Drill 4**　Practice saying the following.

　　ex. 行きます。→行くと　いっていました。

　　　　1．仕事です。　　　　　2．あした　します。
　　　　3．とても　さむいです。　4．おもしろく　ありません。
　　　　5．よく　しっています。　6．よく　わかりません。

●**Short Dialogue**

　　A：＿A＿ですが、ご主人は？
　　B：きょうは　おそく　なると　おもいます。
　　　　会議だと　いっていましたから。　　　　かいぎ：meeting, confer-
　　　　1．おそく　なります。　　　パーティーです。　　ence
　　　　2．かえりません。　　　あさまで　仕事です。
　　　　3．はやく　かえります。　うちで　食事を　します。　しょくじ：meal

102

Applied Conversation

A is a policeman, B is a witness.

ex. A：かみは？

B：ながかったと　おもいます。

A：めがねは？

B：くろい　めがねを　かけていたと　おもいます。

A：かばんは？

B：もっていなかったと　おもいます。

A：みてください。いいですか。

B：そうですね。いいと　おもいます。

かみ：hair

めがね：eye glasses

かける：wear (glasses)

The witness describes a criminal.

Vocabulary

●**Dialogue**

いつ	itsu	when
もどります	modorimasu	return 〈dict. *modoru* (-u)〉
おそい	osoi	be late
なる	naru	become 〈dict. form (-u)〉
～だ	～da	is, are 〈plain form〉
～と	～to	quotative marker
おもいます	omoimasu	think 〈dict. *omoo* (-u)〉
いっていました	itte-imashita	was saying
いう	yuu/iu	say 〈dict. form (-u)〉
～から	～kara	because～
病気(びょうき)	byooki	illness, disease
たくさん	takusan	many, much
どうか しましたか	Doo-ka shimashita-ka	Is something wrong?
書類(しょるい)	shorui	documents
こと	koto	thing, matter, affair
チンさんの	Chin-san-no	Ms. Chen's (document)
(～に)きいてください	(～ni) kiite-kudasai	Please ask (a person).
(～に)きく	(～ni) kiku	ask (a person) 〈dict. form (-u)〉
よく	yoku	well
しっている	shitte-iru	know
しる	shiru	know 〈dict. form (-u)〉

●**Drill 1**

～だった	～datta	was, were 〈plain form〉

●**Drill 2**

ながい	nagai	long
みじかい	mijikai	short

●**Short Dialogue**

会議(かいぎ)	kaigi	meeting, conference
食事(しょくじ)	shokuji	meal

●**Applied Conversation**

かみ	kami	hair
めがね	megane	eyeglasses
かける	kakeru	wear (glasses)

Notes

1.〈Plain form〉

Most Japanese words have both a 〈polite form〉 and a 〈plain form〉.

The 〈plain form〉 is used in familiar speech, in neutral accounts such as diaries or newspapers, and in most quoted phrases and modifying phrases.

Nouns and *na*-adjectives end mainly with *'-desu'* or one of its variations in the 〈polite form〉, and end with *'-da'* or one of its variations in the 〈plain form〉. *I*-adjectives conjugate in a different way.

Verbs end with *'-ku, gu, su, tsu, nu, bu, mu, ru, u'* and their various conjugations in the 〈plain form〉, and end with *'-masu'* and its various conjugations in the 〈polite form〉.

See p.101, Drill 1.

2. *Modoru/kaeru*

When the speaker returns to his home or hometown, *'kaeru'* is frequently used. *'Modoru'* is used mainly when the speaker returns where he is temporarily staying, such as his company or shcool.

3. *Iku/kuru*

'Kuru' is used to describe the movement toward where the speaker is at the time he is speaking; *'iku'* is used to describe any movement going away from the speaker.

Pronuciation Practice

A. Practice saying the following. Pay attention to the "っ" sound.
　　 1．きっぷ(ticket)　　　　　 2．きって
　　 3．いっしょ　　 4．けっこん　　 5．がっこう

B. Add /-datta/ to the words in A and practice saying each phrase.
　　 ex.きっぷだった

C. Practice saying the following. Pay attention to the "っ" sound.
　　 1．よかった　　 2．たのしかった　　 3．いってください
　　 4．しっています　　 5．まってください

105

第12課
だい じゅうに か

LESSON 12

写真を　とっても　いいですか
しゃしん

Asking if It's All Right to Take Pictures

● Key Sentences ●

1. 写真を　とっても　いいですか。
しゃしん
2. 写真を　とっては　いけません。
しゃしん
3. さっき　切符を　切った　人です。
きっぷ き にと
4. あの　いすに　かけている　人です。
ひと

Dialogue

(At an art museum.)

スミス：すばらしい　絵ですね。
すみす え

山　田：そうですね。
やま だ

スミス：写真を　とっても　いいですか。
すみす しゃしん

山　田：さあ、わかりません。かかりの　人に　きいてください。
やま だ ひと

スミス：かかりの　人……。さっき　切符を　切った　人ですか。
すみす ひと きっぷ き ひと

山　田：いいえ、あの　いすに　かけている　人です。
やま だ ひと

(A little later.)

スミス：　　　あのう、ちょっと　すみません。
すみす

かかりの　人：はい、なんですか。
ひと

スミス：　　　写真を　とっても　いいですか。
すみす しゃしん

かかりの　人：いいえ、だめです。ここでは、写真を　とっては　いけません。
ひと しゃしん

スミス：　　　そうですか。
すみす

かかりの　人：(Looking at Smith's cigarette.)
ひと

106

あっ。たばこも　だめですよ。ここは　禁煙です。
きんえん

スミス：　　あっ。すみません。
すみす

Accent, Prominence, and Intonation

Shashin-o tottemo ii-desu-ka.

Sumisu:	Subarashii e-desu-ne.
Yamada:	Soo-desu-ne.
Sumisu:	Shashin-o totte-mo ii-desu-ka. ↗
Yamada:	Saa, wakarimasen. **Kakari-no hito-ni** kiite-kudasai.
Sumisu:	Kakari-no hito. . . . Sakki **kippu-o** kitta hito-desu-ka. ↗
Yamada:	Iie, ano **isu-ni** kakete-iru hito-desu.
Sumisu:	Anoo, **chotto** sumimasen.
Kakari-no hito:	Hai, nan-desu-ka. ↗
Sumisu:	Shashin-o totte-mo ii-desu-ka. ↗
Kakari-no hito:	Iie, dame-desu. Koko-dewa shashin-o totte-wa ikemasen.
Sumisu:	Soo-desu-ka.
Kakari-no hito:	A! **Tabako-mo** dame-desu-yo. Koko-wa **kin'en-desu.**
Sumisu:	A! Sumimasen.

Translation

Am I allowed to take photographs here ?

Smith:	This picture is fantastic, isn't it?
Yamada:	Yes, it is.
Smith:	Am I allowed to take photographs here?
Yamada:	Hmm, I don't know. Why don't you ask someone on the staff?
Smith:	The staff. . . . What about that man who punched our tickets a while ago?
Yamada:	No, ask that man sitting in the chair over there.
Smith:	Excuse me.
Staff:	Yes. May I help you?
Smith:	May I take photographs of the pictures?
Staff:	No, you may not. Photography is not permitted here.
Smith:	Oh, I see.
Staff:	(Looking at Smith's cigarette) Oh, and you are not allowed to smoke, either. This is a no-smoking area.
Smith:	Oh. I'm sorry.

第12課
LESSON 12

Explanation

In this lesson you will learn how to ask for permission to do something. You will also learn how to make modifying phrases.

写真を　とっても　いいですか。
しゃしん

Shashin-o totte-mo ii-desu-ka.

This sentence means 'May I take photographs here?' The expression '-te-mo ii-desu-ka' is used to ask permission to do something. '-Te-mo ii-desu' is used to give permission.

さあ、わかりません。

Saa, wakarimasen.

'Saa' is an expression which is often used when the speaker is thinking about an answer.

さっき　切符を　切った　人ですか。
きっぷ　　き　　　ひと

Sakki kippu-o kitta hito-desu-ka.

This sentence means 'What about that man who punched our tickets a while ago?' The words 'sakki kippu-o kitta' modify the word 'hito.' In Japanese all modifiers come before the nouns or pronouns they modify.

いいえ、あの　いすに　かけている　人です。
ひと

Iie, ano isu-ni kakete-iru hito-desu.

The phrase 'ano isu-ni kakete-iru' modifies the noun 'hito' and means 'that person who is sitting in the chair.'

いいえ、だめです。

Iie, dame-desu.

This sentence is sometimes used to refuse permission. 'Dame' itself means 'no good' and in some cases 'useless,' 'hopeless,' or 'out of the question.'

ここでは、写真を　とっては　いけません。
しゃしん

Kokode-wa, shashin-o totte-wa ikemasen.

The expression '-te-wa ikemasen／ikenai' is used to show prohibition.

Drills and Short Dialogues

CD2
29

●**Drill 1**　Practice saying followings.

A **ex.** たべる→<u>たべても</u>　いいです。

　1．よむ　　2．つかう　　3．行く　　4．する

　5．テレビを　つける　　　6．ペンで　かく

つかう：use

B **ex.** けす→<u>けしては</u>　いけません。

　1．かえる　　2．よぶ　　3．くる　　4．写真を　とる

　5．たばこを　すう　　　6．英語で　はなす

かえる：go home

●**Drill 2**　Practice saying the following.

A **ex.** いすに　かける→いすに　<u>かけている</u>　人

　1．たばこを　すう　　　2．コーヒーを　のむ

　3．写真を　とる　　　4．バスを　まつ

　5．めがねを　かける　　6．かばんを　もつ

こーひー：coffee

ばす：bus

B **ex.** いすに　かける→いすに　<u>かけている</u>　人は　だれで
すか。

だれ：who

　1．英語で　はなす　　　2．ケーキを　食べる

　3．本を　よむ　　　4．テレビを　みる

　5．ジュースを　のむ　　6．そうじを　する

じゅーす：juice

●**Drill 3**　Practice saying the following.

A **ex.** さっき　かえりました→さっき　かえった　人

　1．さっき　質問を　しました

　2．まどを　あけました

　3．にわの　そうじを　しました

　4．さっき　日本の　うたを　うたいました

しつもん：question

にわ：garden

うた：song

B **ex.** さっき　かえりました→さっき　かえった　人は　だ
れですか。

うたう：sing

　1．さっき　切符を　切りました

　2．山田さんと　いっしょに　きました

　3．日本語で　こたえました

　4．英語で　質問を　しました

こたえる：answer

C **ex.** さっき　メモを　かきました→さっき　かいた　メモ

　1．きのう　ノートを　かいました

　2．駅で　さいふを　おとしました

　3．京都で　写真を　とりました

　4．あさ　新聞を　よみました

　5．きのう　公園へ　行きました

　6．さっき　本を　かいました

メモ：memo

しんぶん：newspaper

第12課

LESSON 12

●Short Dialogue 1

　　A：すみません。

　　　　たばこを　すっても　いいですか。

　　B：ええ、どうぞ。

　　　　1．ええ、いいですよ。

　　　　2．いいえ、それは　こまります。

　　　　3．いいえ、だめです。

　　　　4．さあ、わかりません。

こまります：That will be a problem.

●Short Dialogue 2

　　A：すみません。

　　　　<u>ここに　かけても</u>　いいですか。

　　B：いいえ、だめです。

　　　　<u>かけては</u>　いけません。

　　　　1．たばこを　すう　　　2．写真を　とる
　　　　　　　　　　　　　　　　　　　しゃしん

　　　　3．うちへ　かえる　　　4．まどを　あける

　　　　5．ペンで　かく　　　　6．フランス語で　はなす
　　　　　　　ぺん　　　　　　　　　　　ふらんすご

ふらんすご：French

●Short Dialogue 3

　　A：　B　さん。

　　B：はい。

　　A：あの　<u>いすに　かけている</u>　人は　だれですか。
　　　　　　　　　　　　　　　　　　　　ひと

　　B：ああ、山田さんです。
　　　　　　　やまだ

　　　　1．たばこを　すう　　　　　2．そうじを　する

　　　　3．ドアの　まえに　たつ　　4．本を　もつ
　　　　　　どあ　　　　　　　　　　　　ほん

　　　　5．めがねを　かける　　　　6．ジュースを　のむ
　　　　　　　　　　　　　　　　　　　　じゅーす

どあ：door

たつ：stand up

●Short Dialogue 4

　　A：　B　さん。

　　B：はい。

　　A：さっき　<u>かえった</u>　人は　だれですか。
　　　　　　　　　　　　　　ひと

　　B：ああ、山田さんです。
　　　　　　　やまだ

　　　　1．切符を切る
　　　　　　きっぷ　き

　　　　2．小川さんと　いっしょに　くる
　　　　　　おがわ

　　　　3．ドアを　あける
　　　　　　どあ

　　　　4．にわの　そうじを　する

110

Applied Conversation

A：どう　しましたか。

B：<u>さっき　かいた　メモ</u>が……。

A：ありませんか。

B：ええ。

A：ああ、ここに　ありますよ。

Practice the above conversation by replacing the underlined portion with the following phrases.

1．きのう　かった　時計
2．きのう　かいた　てがみ　　　　　　　　　　　てがみ：letter
3．銀座で　かった　めがね
4．アメリカで　とった　写真
5．あさ　よんだ　新聞
6．さっき　かった　雑誌　　　　　　　　　　　ざっし：magazine

Vocabulary

●**Dialogue**

すばらしい	subarashii	wonderful, fantastic
絵(え)	e	picture, painting
〜ても　いいです	〜te-mo ii-desu	you may〜
さあ	saa	well
かかりの　人(ひと)	kakari-no hito	staff
人(ひと)	hito	person
さっき	sakki	a while ago
切符(きっぷ)	kippu	ticket
切(き)った	kitta	cut, punched
切(き)る	kiru	cut ⟨dict. form (-u)⟩
かけている	kakete-iru	sitting
かける	kakeru	sit down ⟨dict. form (-ru)⟩
だめです	dame-desu	you can't
〜ては　いけません	〜te-wa ikemasen	you shouldn't〜

●**Drill 1**

| つかう | tsukau | use ⟨dict. form (-u)⟩ |

●**Drill 2**

コーヒー(こーひー)	koohii	coffee
バス(ばす)	basu	bus
だれ	dare	who
ジュース(じゅーす)	juusu	juice

●**Drill 3**

質問(しつもん)	shitsumon	question
にわ	niwa	garden
うた	uta	a song, songs
うたいます	utaimasu	sing ⟨dict. *utau* (-u)⟩
こたえます	kotaemasu	answer ⟨dict. *kotaeru* (-ru)⟩
メモ(めも)	memo	memo, memorandum
新聞(しんぶん)	shinbun	newspaper

●**Short Dialogue**

こまります	Komarimasu	That will be a problem. ⟨dict. *komaru* (-u)⟩
フランス語(ふらんすご)	furansu-go	French
ドア(どあ)	doa	door
たつ	tatsu	stand up ⟨dict. form (-u)⟩

●**Applied Conversation**

どう　しましたか	Doo shimashita-ka	What happened?
銀座(ぎんざ)	Ginza	Ginza ⟨place name⟩
てがみ	tegami	letter
雑誌(ざっし)	zasshi	magazine

Notes

Sentence construction used in new expressions

(1) ⟨*-te-mo ii*⟩ V-*te* form＋*-mo ii*　　⟨*-te-wa ikenai*⟩ V-*te* form ＋ *-wa ikenai*

(ex.)　かく→かいても　いい　　　　かく→かいては　いけない

　　　kaku→kaite-mo ii　　　　　*kaku→kaite-wa ikenai*

　　　よむ→よんでも　いい　　　　よむ→よんでは　いけない

　　　yomu→yonde-mo ii　　　　　*yomu→yonde-wa ikenai*

　　　みる→みても　いい　　　　　みる→みては　いけない

　　　miru→mite-mo ii　　　　　　*miru→mite-wa ikenai*

　　　する→しても　いい　　　　　する→しては　いけない

　　　suru→shite-mo ii　　　　　*suru→shite-wa ikenai*

　　　くる→きても　いい　　　　　くる→きては　いけない

　　　kuru→kite-mo ii　　　　　　*kuru→kite-wa ikenai*

(2) Verb ⟨Plain form⟩＋Noun　(To modify a noun)

(ex.1)　　まどを　あけました　　(ex.2)　さけを　のんでいます

　　　　　mado-o akemashita　　　　　　*sake-o nonde-imasu*

　　　→まどを　あけた　　　　　　　→さけを　のんでいる

　　　　　mado-o aketa　　　　　　　　*sake-o nonde-iru*

　　　→まどを　あけた　ひと　　　　→さけを　のんでいる　ひと

　　　　　mado-o aketa hito　　　　　　*sake-o nonde-iru hito*

　　　　　⟨Meaning: the person who　　⟨Meaning: the person who is
　　　　　opened the window⟩　　　　　drinking sake⟩

(ex.3)　　きのう　雑誌を　かいました　*kinoo zasshi-o kaimashita*

　　　→きのう　雑誌を　かった　　　　*kinoo zasshi-o katta*

　　　→きのう　かった　雑誌　　　　　*kinoo katta zasshi*

　　　　　⟨Meaning: the magazine which I bought yesterday⟩

Pronunciation Practice

A. Practice saying the following words. Pay attention to the accent.

　　１．が く せい　　２．ぎ ん こう　　３．こ う こう　　４．せ ん せい　　５．お か あさん

B. Add '*-desu*' to the words in A and say the resulting sentences.

　　ex. が く せい で す。

C. Read the following sentences aloud. Pay attention to the prominence.

　　１．に ほ んごの　が く せいです。　　２．ぎ んこうの　と なりです。

　　３．こ う こうの　き ょうしです。　　４．え いごの　せ ん せいです。

　　５．チ ンさんの　お か あさんです。

(LESSONS 9-12)

1. Fill in each blank with appropriate words or with X if no word is required.

① 銀行＿＿＿＿＿　つとめています。
　　ぎんこう

② アメリカ＿＿＿＿＿　英語＿＿＿＿＿　べんきょうしています。
　　あ め り か　　　　えいご

③ しゅじんは　カナダ＿＿＿＿＿　いっています。
　　　　　　　か な だ

④ この＿＿＿＿＿　書類＿＿＿＿＿　ふうとう＿＿＿＿＿　いれてください。
　　　　　　　しょるい

2. Choose the correct word or phrase.

① A：Bさん　おげんきですか。

　　B：＿＿＿＿＿＿＿＿＿＿　(a. はい、おかげさまで。　b. はい、そうです。)

② A：英語で　はなさないでください。
　　　えい ご

　　B：＿＿＿＿＿＿＿＿＿＿　(a. はい、わかります。　b. はい、わかりました。)

③ A：あのう、この　書類の　ことですが……。
　　　　　　　　　しょるい

　　B：ああ、ジョンソンさんに　きいてください。＿＿＿＿＿＿＿＿＿＿
　　　　　じょ ん そ ん

　　(a. よく　しっていると　おもいます。　b. よく　しると　おもいます。)

3. Look at the pictures below, and following the example, describe the action in each.

a. ex. そうじを　しています。　　① ＿＿＿＿＿＿＿＿＿＿＿＿　　② ＿＿＿＿＿＿＿＿＿＿＿＿

b. ex. かけては　いけません。　　① ＿＿＿＿＿＿＿＿＿＿＿＿　　② ＿＿＿＿＿＿＿＿＿＿＿＿

4. Fill in each blank with an appropriate sentence.

① A : ＿＿＿＿＿＿＿＿＿＿。

　 B : いいえ、まどを　あけては　いけません。

② A : ＿＿＿＿＿＿＿＿＿＿。

　 B : ほんを　よんでいます。

③ A : まどを　あけましょうか。

　 B : いいえ、まだ　＿＿＿＿＿＿＿＿＿＿。

　　　あとで　＿＿＿＿＿＿＿＿＿＿。

5. Make quotative sentences from the phrases below as shown in the example.

a. ex. 電話を　します。いっていました。　　──→電話を　すると　いっていました。

① たいへんじゃ　ありません。おもいます。──→

② かえりません。おもいます。　　　　　　──→

③ あしたは　いそがしいです。おもいます。──→

b. ex. 本を　よんでいます。だれですか。　　──→本を　よんでいる　人は　だれですか。

① たばこを　すっています。だれですか。　──→

② さっき　きました。だれですか。　　　　──→

③ ジュースを　のんでいます。田中さんです。──→

6. Express the following in Japanese.

① Please show me your passport.

② Congratulations.

③ Please don't shut the door.

④ Mr. Yamada is making a phone call over there.

⑤ Wait a moment, please.

⑥ Shall I open the window?

⑦ I think he is all right.

⑧ He said he would go to a post office.

⑨ May I smoke?

　　No, you may not.

⑩ Who is the man reading a book?

(LESSONS 1-12)

1. Fill in each blank with appropriate words to complete each dialogue.

① 小　川：はじめまして。小川です。
　　スミス：＿＿＿＿＿＿＿＿＿＿＿。スミスです。
　　小　川：どうぞ　よろしく。
　　スミス：＿＿＿＿＿＿＿＿＿　どうぞ　よろしく。

② A：＿＿＿＿＿＿＿＿＿＿、いま　＿＿＿＿＿＿＿＿＿ですか。
　　B：6時です。
　　A：ありがとうございます。
　　B：＿＿＿＿＿＿＿＿＿＿。

③ A：おはようございます。
　　B：＿＿＿＿＿＿＿＿＿＿。
　　A：いい　天気ですね。
　　B：＿＿＿＿＿＿＿＿＿＿。

④ (Mr. Smith calls on Yoko Ogawa.)
　　スミス：＿＿＿＿＿＿＿＿＿、小川さんの　＿＿＿＿＿＿＿＿ですか。
　　小　川：はい、そうです。
　　スミス：ようこさん　＿＿＿＿＿＿＿＿＿＿。
　　小　川：はい、わたしです。
　　スミス：いっしょに　テニスを　＿＿＿＿＿＿＿＿＿。
　　　　　　　　　　　　　　(Would you like to play tennis with me?)
　　小　川：ざんねんですが、＿＿＿＿＿＿＿＿＿＿。
　　　　　　　　　　　　(I'm busy.／I have something to do.)

⑤ スミス：山田さん、＿＿＿＿＿＿＿＿＿＿。
　　　　　　　　　　(It's been a while.)
　　山　田：ああ、スミスさん、おげんきですか。
　　スミス：ええ、＿＿＿＿＿＿＿＿＿＿。

⑥ スミス：しろい　かばんは ＿＿＿＿＿＿＿＿＿＿＿。
　　店　員：はい、あります。
　　スミス：＿＿＿＿＿＿＿＿＿＿＿。
　　店　員：5,000円です。
　　スミス：じゃ、＿＿＿＿＿＿＿＿＿＿＿。
　　　　　　　　　　（I'll take it.）

2. Change the form of the verbs or adjectives as shown in the example.

ex. 先週　京都へ　<u>いきました</u>。
　　　　　　　　（いきます）

① きのう　きっさてんで　ジュースを ＿＿＿＿＿＿＿＿＿。
　　　　　　　　　　　　　　　　　（のみます）

　＿＿＿＿＿＿＿＿＿＿　て　＿＿＿＿＿＿＿＿＿＿。
　　　（やすい）　　　　　　　　（おいしい）

② A：小川さんは　何時ごろ　かえりますか。

　　B：きょうは ＿＿＿＿＿＿＿＿＿＿　と　おもいます。
　　　　　　　　　（かえりません）

　　　あしたの　あさ　8時に ＿＿＿＿＿＿＿＿＿＿　と　いっていました。
　　　　　　　　　　　　　　　（きます）

③ いま、まどを ＿＿＿＿＿＿＿＿＿＿　でください。あとで ＿＿＿＿＿＿＿＿
　　　　　　　　　（あけません）　　　　　　　　　　　　　（あけます）
　てください。

3. Choose the proper answer as shown in the example.

ex. 8時
$\left\{\begin{array}{l}\text{ⓐに}\\\text{b.で}\\\text{c.が}\end{array}\right\}$　おきました。

① A：郵便局は　どこ $\left\{\begin{array}{l}\text{a.に}\\\text{b.が}\\\text{c.で}\end{array}\right\}$　ありますか。

B：あそこ $\left\{\begin{array}{l}\text{a.に}\\\text{b.で}\\\text{c.が}\end{array}\right\}$　しろい　たてもの $\left\{\begin{array}{l}\text{a.に}\\\text{b.が}\\\text{c.で}\end{array}\right\}$　ありますね。

その　となりです。

② A：写真を　とって $\left\{\begin{array}{l}\text{a.は}\\\text{b.から}\\\text{c.も}\end{array}\right\}$　いいですか。

B：いいえ、写真を　とって $\left\{\begin{array}{l}\text{a.は}\\\text{b.から}\\\text{c.も}\end{array}\right\}$　いけません。

③ A：学生ですか。

B：いいえ、銀行 $\left\{\begin{array}{l}\text{a.で}\\\text{b.に}\\\text{c.を}\end{array}\right\}$　つとめています。

4. Answer the questions.

① きょうは　何時に　おきましたか。
② 日ようびに　何を　しますか。
③ 日本語の　べんきょうは　おもしろいですか。
④ 日本語の　レッスンは　何時から　何時までですか。
⑤ あなたの　かばんの　なかに　何が　ありますか。
⑥ この　クイズは　むずかしいですか。

Months

January	ichi-gatsu		July	shichi-gatsu
February	ni-gatsu		August	hachi-gatsu
March	san-gatsu		September	ku-gatsu
April	shi-gatsu		October	juu-gatsu
May	go-gatsu		November	juuichi-gatsu
June	roku-gatsu		December	juuni-gatsu

Days of the week, days of the month

Sunday nichi-yoobi	Monday getsu-yoobi	Tuesday ka-yoobi	Wednesday sui-yoobi	Thursday moku-yoobi	Friday kin-yoobi	Saturday do-yoobi
1 tsuitachi	2 futsuka	3 mikka	4 yokka	5 itsuka	6 muika	7 nanoka
8 yooka	9 kokonoka	10 tooka	11 juuichi-nichi	12 juuni-nichi	13 juusan-nichi	14 juuyokka
15 juugo-nichi	16 juuroku-nichi	17 juushichi-nichi	18 juuhachi-nichi	19 juuku-nichi	20 hatsuka	21 nijuuichi-nichi
22 nijuuni-nichi	23 nijuusan-nichi	24 nijuuyokka	25 nijuugo-nichi	26 nijuuroku-nichi	27 nijuushichi-nichi	28 nijuuhachi-nichi
29 nijuuku-nichi	30 sanjuu-nichi	31 sanjuuichi-nichi				

Countries

Australia	オーストラリア	Oosutoraria
Canada	カナダ	Kanada
China	ちゅうごく	Chuugoku
France	フランス	Furansu
Germany	ドイツ	Doitsu
Indonesia	インドネシア	Indoneshia
Italy	イタリア	Itaria
Japan	にほん	Nihon
New Zealand	ニュージーランド	Nyuujiirando
Spain	スペイン	Supein
United Kingdom	イギリス	Igirisu
United States	アメリカ	Amerika

Numbers

1	ichi
10	juu
100	hyaku
1,000	sen
10,000	ichi-man
100,000	juu-man
1,000,000	hyaku-man
10,000,000	(is)sen-man
100,000,000	ichi-oku

ex.
34,500	san-man yonsen gohyaku
98,700,000	kyuusen happyaku nanajuu-man
250,000,000	ni-oku gosen-man

Minutes

1 ···ippun	7 ···nanafun	13···juusanpun	19···juukyuufun
2 ···nifun	8 ···happun	14···juuyonpun	20···nijippun
3 ···sanpun	9 ···kyuufun	15···juugofun	30···sanjippun
4 ···yonpun	10···jippun	16···juuroppun	40···yonjippun
5 ···gofun	11···juuippun	17···juunanafun	50···gojippun
6 ···roppun	12···juunifun	18···juuhappun／juuhachifun	60···rokujippun

3 : 15···sanji juugofun(-sugi*)

5 : 30···goji sanjippun/goji-han

7 : 58···shichiji gojuuhappun or hachiji nifun-mae*

＊sugi：after, mae: before

◀Answers to Quizzes▶

Quiz (Lessons 1～4)

1. a. ①Juuji-han-desu.　　　　　　②Kuji-desu.
　　 ③Shichiji-desu.　　　　　　　④Yoji-han-desu.
　 b. ①Gohyaku-en-desu.　　　　　②Hassen-en-desu.
　　 ③Sen-nihyaku-en-desu.　　　 ④Goman-en-desu.

2. ①Tsukue-desu.　②Isu-desu.　③Hon-desu.　④Kaban-desu.　⑤Tokee-desu.
　 ⑥Yuubinkyoku-desu.　⑦Byooin-desu.　⑧Ginkoo-desu.　⑩Gakkoo-desu.

3. ①nanji　②doko　③ikura　④nanji　⑤nan

4. ①Terebi-no ue-ni arimasu.　②Sanji-desu.　③Isu-no ue-desu.
　 ④Terebi-no mae-desu.

5. ①Hajimemashite.　②Shiroi kamera-wa arimasu-ka.
　 ③Ima nanji-desu-ka.　④Byooin-wa doko-desu-ka.
　 ⑤Kore-wa ikura-desu-ka.　⑥Sore-o kudasai.
　 ⑦O-kuni-wa (dochira-desu-ka).

Quiz (Lessons 5～8)

1. ①12じに　はじまります。
　 ②10じに　ねます。
　 ③8じに　いきます。
　 ④9じに　かえります。
　 ⑤11じに　おわります。

2. ①なんじに、に
　 ②なにを、を、どこで、で
　 ③どこかへ、へ
　 ④どう

3. ①せんたくを　します。
　 ②さんぽを　します。
　 ③いいえ、みませんでした。　ほんを　よみました。

4. ①おおきいです
　 ②あたらしく　ありません
　 ③にぎやかじゃ　ありません／しずかです
　 ④あつかったです
　 ⑤たいへんじゃ　ありませんでした

5. ①きょうは　いいてんきですね。
　 ②いっしょに　テニスを　しませんか。
　　 ええ、いいですね。しましょう。
　 ③こんどの　やすみは　なにを　しますか。
　　 まだ　わかりません。
　 ④どこへも　いきませんでした。

Quiz (Lessons 9〜12)

1. ①に ②で、を ③へ ④×、を、に
2. ①a. ②b. ③a.
3. a. ①テレビを みています。
      ②こうえんで あそんでいます。
   b. ①たばこを すっては いけません。
      ②しゃしんを とっては いけません。
4. ①まどを あけても いいですか
   ②なにを していますか
   ③あけないでください、 あけてください
5. a. ①たいへんじゃ ないと おもいます。
      ②かえらないと おもいます。
      ③あしたは いそがしいと おもいます。
   b. ①たばこを すっている ひとは だれですか。
      ②さっき きた ひとは だれですか。
      ③ジュースを のんでいる ひとは たなかさんです。
6. ①パスポートを みせてください。
   ②おめでとうございます。
   ③ドアを しめないでください。
   ④やまださんは あそこで でんわを かけています。
   ⑤ちょっと まって ください。
   ⑥まどを あけましょうか。
   ⑦だいじょうぶだと おもいます。
   ⑧ゆうびんきょくへ いくと いっていました。
   ⑨たばこを すっても いいですか。 いいえ、だめです。
   ⑩ほんを よんでいる ひとは だれですか。

Final Quiz (Lessons 1〜12)

1. ①はじめまして、 こちらこそ
   ②すみません、 なんじ、 どういたしまして
   ③おはようございます、 そうですね
   ④もしもし、 おたく、 おねがいします、 しませんか、
    ようじが あります
   ⑤ひさしぶりです、 おかげさまで
   ⑥ありますか、 いくらですか、 それを ください
2. ①のみました、 やすく、 おいしかったです
   ②かえらない、 くる
   ③あけない、 あけ
3. ①a. a. b. ②c. a. ③b.
4. (ex)①6じに おきました。 ②べんきょうを します。
   ③はい、おもしろいです。 ④あさ 9じから ごご 3じ までです。
   ⑤あかい さいふが あります。
   ⑥いいえ、むずかしく ありません。

◀ **Index** ▶

ま　行
ぎょう

や　行
ぎょう

入門日本語

●

2006年4月6日第1刷発行
監 修　水谷信子
著 者　久保田美子／大場理恵子／大島弥生
　　　　小川治子／佐々木泰子／木山三佳
発行人　平本照麿
発行所　株式会社アルク
　　　　〒168-8611　東京都杉並区永福2-54-12
　　　　電話　03-3323-5514（日本語書籍編集部）
　　　　　　　03-3327-1101（カスタマーサービス部）

●

デザイン　　　吉本　登
表紙デザイン　中村　力
イラスト　　　田中明美
表紙マーク　　土橋公政
印刷　　　　　凸版印刷株式会社

●

PC：7006016